AF352310

BILDER UND NACHBILDER
MARIA HAHNENKAMP

BILDER UND NACHBILDER
MARIA HAHNENKAMP

herausgegeben von / edited by
Martin Hochleitner
Bernd Schulz

mit Beiträgen von / with contributions by
Martin Hochleitner
Berthold Schmitt
Christina von Braun
Friedrich Tietjen

Kehrer Verlag Heidelberg

Vorwort

Nach drei Personalkatalogen aus den Jahren 1993, 1996 und 2000 stellt das vorliegende Buch die bisher umfassendste Bearbeitung des künstlerischen Werks von Maria Hahnenkamp dar. Die in Wien lebende Künstlerin arbeitet seit den späten achtziger Jahren an Themenfeldern, in deren Mittelpunkt das *Bild der Frau* steht. Im Zugriff auf private und öffentliche Bilder von Frauen thematisiert Hahnenkamp die Instrumentalisierung des weiblichen Körpers und die Fremdbestimmung seiner Präsentation.

Hahnenkamps bevorzugtes Medium ist die Photographie. Sie nutzt sie einerseits als Produktionsmittel und andererseits als Ressource für eine weitere Bearbeitung. Gleichzeitig werden Bilder, die Hahnenkamp nach spezifischen Kriterien auswählt und sammelt, in Diaprojektionen neu kontextualisiert. Maria Hahnenkamp arbeitet an Systemen, in denen die konkrete Auseinandersetzung mit dem weiblichen Körper Wechselbilder zwischen einem Motiv an sich, Traditionen seiner Verwendung und ikonographischen Zusammenhängen entwirft.

Die folgenden Texte versuchen, in ihren jeweiligen Beobachtungsansätzen der Komplexität des bisherigen Werks Rechnung zu tragen. Die abgebildeten Arbeiten wurden immer wieder durch Raumaufnahmen zweier Ausstellungen ergänzt, die die Künstlerin in der Stadtgalerie Saarbrücken und der Landesgalerie am Oberösterreichischen Landesmuseum in Linz realisierte. Diese beiden Projekte waren auch Anlass für das Erscheinen des Buches im Frühjahr 2002.

Martin Hochleitner
Landesgalerie am Oberösterreichischen Landesmuseum

Bernd Schulz
Stadtgalerie Saarbrücken

After three personal catalogues in 1993, 1996, and 2000 this current book presents the most comprehensive examination of the artistic works of Maria Hahnenkamp. The artist, who lives in Vienna, has worked in thematic areas centered on the *image of the woman* since the late 1980s. In accessing both private and public images of women, Hahnenkamp thematizes the instrumentalization of the female body through the heteronomous determination of its presentation.

Hahnenkamp's medium of choice is photography. She uses it on the one hand as a means of production, and on the other as a resource for continual work. At the same time, images, selected and collected by Hahnenkamp according to specific criteria, are set into new contexts through slide projection. Maria Hahnenkamp works on systems in which the concrete confrontation with the female body drafts images alternating between subject matter qua subject matter, traditions of its application and iconographic links.

The following texts, with their respective approaches to her work, attempt to capture the complexity of the works to date. The works shown here are all augmented with spatial photographs from exhibitions realized in the Stadtgalerie Saarbrücken and the Landesgalerie at the Oberösterreichisches Landesmuseum in Linz. These two projects were likewise the occasion for the publication of this book in spring 2002.

Martin Hochleitner
Landesgalerie at the Oberösterreichisches Landesmuseum

Bernd Schulz
Stadtgalerie Saarbrücken

Maria Hahnenkamp – Ikonographische Körper
MARTIN HOCHLEITNER

Der folgende Text entstand im Herbst 2001. Er behandelt das Werk der österreichischen Künstlerin Maria Hahnenkamp und verfolgt drei Ziele. Erstens versucht er, über eine Analyse bisheriger Beiträge einzelne Rezeptionsansätze seit 1992 zusammenzufassen und hieraus Grundstrukturen der künstlerischen Position zu definieren. Diese betreffen Erscheinungsform, Ikonographie, Methode und Technik der Arbeiten sowie die – über den Begriff Autorschaft hinausgehende – Präsenz von Identität im Werk. Die zweite Absicht galt einer Kontextualisierung Hahnenkamps in der österreichischen Gegenwartskunst. Hierfür wurden wiederum Beobachtungen zu Werkgruppen auf getroffene Zuordnungen und Vergleiche überprüft und verschiedene kunsthistorische Parallelen auf Entwicklungstraditionen der österreichischen Kunst seit 1970 fokussiert. Die dritte Intention war es schließlich, Maria Hahnenkamp in Bezug zu ausgewählten Texten von Siegfried Kracauer, Jacqueline Rose und Valie EXPORT zu stellen, um – nicht zuletzt durch das zeitliche Spektrum der Beiträge von 1927 bis 1984 und die differenzierte Erörterung gesellschaftlicher Mechanismen – exemplarisch auf die komplexen Referenzsysteme ihres Werks zu verweisen.

Anlass für das vorliegende Buch waren zwei Ausstellungen der Künstlerin in der Stadtgalerie Saarbrücken[1] und in der Landesgalerie am Oberösterreichischen Landesmuseum in Linz[2]. Abgestimmt auf die verschiedenen räumlichen Situationen, präsentierte Maria Hahnenkamp insgesamt fünf Werkgruppen, von denen drei an beiden Orten zu sehen waren: eine Installation mit mehreren Diaprojektionen sowie großformatige Farbphotographien mit Raumansichten und Körperausschnitten. Eine weitere Serie von elf bestickten Photographien zeigte Hahnenkamp nur in Saarbrücken. Ebenfalls nur dort realisierte sie noch ein zusätzliches Projekt, bei dem sie eine Klanginstallation des Schweizer Musikers Andres Bosshard mit insgesamt drei Ornamentbohrungen koppelte.

1   Maria Hahnenkamp, *Fotoarbeiten/Installationen*, Ausstellungsdauer: 14. Juni bis 19. August 2001.

2   Maria Hahnenkamp, *Bilder und Nachbilder*, Ausstellungsdauer: 24. Jänner bis 3. März 2002.

Der zeitliche Bogen spannte sich bei den Exponaten von 1994 bis 2001, wobei der Großteil der Arbeiten explizit für die beiden Ausstellungen produziert worden war. Die Ornamentbohrung war ohnehin vor Ort in Saarbrücken entstanden.

Obwohl sich Hahnenkamp somit im Bemühen um eine reduzierte Präsentation auf eine konzentrierte Auswahl beschränkte und das Gesamtprojekt ohne jeden retrospektiven Anspruch konzipiert hatte, gaben beide Ausstellungen das Werk auch in seiner Entwicklung durchaus repräsentativ wieder. Vor allem die Verdichtung von Information in der einzelnen Arbeit wurde als Merkmal Hahnenkamps deutlich. Exemplarisch stand hierfür die Bedeutung von Weiß. Viele ihrer bisherigen Werke waren – auch über eine werkimmanente Rahmung sowie Passepartoutrierung – ausschließlich in Weiß gehalten oder schöpften ihre Wirkung aus Spannungsverhältnissen zu Weiß. Als Farbkontrast – speziell zu Rot oder als Prinzip der Komposition, indem Hahnenkamp den Bildgegenstand scharf vom weiß gehaltenen Hintergrund absetzte. Dieses Figur-Grund-Schema konnte wie bei den abgeschmirgelten Photographien jedoch auch genau umgedreht werden. Hier löste sie das ursprüngliche Motiv durch die konkrete Bearbeitung gleichsam im Weiß auf.

Weiß ist für Maria Hahnenkamp ein wesentliches Gestaltungsmittel, Helligkeit ein charakteristisches Merkmal der Erscheinungsform ihrer Arbeiten und ihrer Präsentationen. Weiß ist darüber hinaus ein stimmiges Äquivalent zur inhaltlichen Struktur der Photographien. Dieser bedingende Zusammenhang macht Weiß selbst zum integrativen Bestandteil der Ikonographie und unterscheidet die Konzeption Hahnenkamps auch von jener substantiellen Konformierung, die Cy Twombly über die weiße Fassung seiner Skulpturen bzw. Objekte erreicht.

Ihre Verwendung von Weiß sei anders als der Einsatz von Blau durch Yves Klein, beschrieb Monika Faber diesen für das Werk Hahnenkamps so typischen Eindruck, den die Autorin 1996 auch in einem eigenen Aufsatz analysierte.[3] *Aus Hahnenkamps Themen und Materalien ergebe sich dieses Weiß gleichsam jedes Mal neu und unausweichlich.*[4] In ihrem Text benannte Faber zwei konkrete Arbeiten: die von der Künstlerin abgeschmirgelten und zusammengenähten Farbphotographien von 1993 und eine 1995 entstandene Photoserie, bei der Hahnenkamp durch subtil gewählte Bildausschnitte Stoffdrapierungen, Faltenwürfe und verschiedene fragmentierte Körperkonfigurationen miteinander verband.

Die entsprechenden Konzeptionen erfolgten dabei im Wissen um die vielfältigen, speziell von der christlichen Kunst geprägten Bedeutungen von Weiß für Liturgie, Ikonographie, Ritus sowie Symbolik und im Bewusstsein, dass diese Zusammenhänge latent

---

3   Monika Faber, *Maria Hahnenkamp. Schatten im Weiß*, in: *Eikon. Internationale Zeitschrift für Photographie & Medienkunst*, Heft 16/17, Wien, 1996, S. 22 – 28.

4   Monika Faber, a.a.O., S. 22.

auch die Wahrnehmung des Werks bestimmen. Dieser offensive Umgang Hahnenkamps mit christlicher Kunst in der Produktion und intendierten Rezeption manifestierte sich auch in der Konzeption ihres Kataloges 1993. Anfang und Ende des Buches waren als Collagen von Heiligenbildern gestaltet. In diese verwob sie Arbeiten von Cindy Sherman, Pablo Picasso und Richard Prince sowie Ausschnitte von pornographischen Aufnahmen. Insgesamt ergab sich aus diesen Bildgefügen eine ambivalente Wirkung. Einerseits kulminierte die über Weiß entrierte Bedeutung von Reinheit und Keuschheit in der Darstellung Marias. Mit dem Spiegel symbolisierte sie ein *speculum sine macula*, weshalb auch nur in ihrem Schoß das Einhorn zahm werden könne. Andererseits koppelte Hahnenkamp die Wunden Christi mit dem Geschlecht der Frau. Die biblische Aufforderung an den ungläubigen Thomas, die Hand in die Wunden zu legen, und die laszive Selbststimulierung einer Frau wurden als gegenseitige Kommentare gezeigt und dadurch in ihrem ursprünglichen Informationsgehalt völlig verkehrt. Die Wunde verlor ihre Unschuld in dem Maß, wie das Geschlecht der Frau die Verletzlichkeit an Stelle einer pornographischen Wirkung gewann.

Hahnenkamps deutlich ablesbare Verankerung in Bildtraditionen setzte sich auch in ihrem Zugriff auf Ornamente fort. Aus Musterbüchern entnommen, hatten diese praktisch die gesamte Werkentwicklung seit den späten achtziger Jahren begleitet: gedruckt auf Deckblätter ihrer Photoalben, gestickt und gestichelt auf Photographien und Passepartouts sowie gebohrt an der Wand.

Mit einer Anmerkung zum Ornamentbegriff des historischen Wien um 1900 hatte Rainer Fuchs Hahnenkamps Verwendung des Ornaments als „Konterkarierung des geschichtsblinden Ornamentfetischismus" bezeichnet. *Sie zitiere das Ornament als ein Motiv des Traditionellen, des damit verbundenen Tradierens von Klischees der Geschichtsresistenz und der daran gekoppelten Vorstellung des Weiblichen. Hahnenkamp nutze das Ornament als Ressource. Gleichzeitig interpretiere sie auch die Geschichte dieser Nutzung.*[5]

Sehr bewusst arbeitete die Künstlerin hierbei mit Widersprüchen und dem Prinzip des Grotesken. Die Koppelung aufwendig ausgearbeiteter Photooberflächen mit gestickten Ornamenten bzw. der auch in den Katalogen dokumentierte Einsatz einer Bohrmaschine in einem ästhetisierten Kontext verbanden Technisch-Anonymes mit Persönlich-Handwerklichem und subjektivierten Autorschaft mit einer überraschenden Nachhaltigkeit. Maria Hahnenkamp gelang es, durch diesen differenzierten Einsatz im Ornament die Funktion eines Schmuckelements mit der Bedeutung eines Sinnträgers zu verbinden und dadurch alle graduellen Möglichkeiten von Dekoration, Stilisierung und Symbolgehalt durchzuspielen. Das Ornament stand somit im bisherigen Werk charak-

---

5   Rainer Fuchs, *Verinnerlichung und Erinnerung*, Eröffnungsrede zur Ausstellung von Maria Hahnenkamp in der Galerie Christine König & Franziska Lettner am 4. Juni 1997 in Wien, unveröffentlichter Text aus dem Archiv der Künstlerin.

teristisch für ihre Aneignung von historischem Material, zu dem die Kunst und die Kunstgeschichte selbst gehören. Die entsprechende Bezugnahme erfolgte allerdings nicht im Sinne eines Zitats, um etwa auf parallele Phänomene zu verweisen oder die Allgemeingültigkeit des gewählten Ansatzes in seiner historischen Dimension vorzuführen. Vielmehr verknüpfte sie ihre Methode der Selektion mit der Radikalisierung, Kontextualisierung und strukturellen Überführung von historischem Material. Hahnenkamp konzentrierte sich hierbei auf die Darstellung weiblicher Körper und vollzog bei diesen Bildern die gleiche Strategie wie bei ihren *eigenen* Photographien. Sie fragmentierte Körper, zeigte Ausschnitte und konfrontierte diese kunstgeschichtlichen Beispiele mit verschiedenen journalistischen und privaten, öffentlichen und intimen Photographien von Frauen. Als Reaktion auf die jüngste Ausstellung in Saarbrücken betonte Friedrich Tietjen bei diesen Zusammenstellungen *die kontingenten und unwillkürlichen Übereinstimmungen* und *die Angleichungen zwischen den Frauen, ohne dass die eine als Vor- und die andere als deren Nachbild erscheine.*[6]

Die konkrete Zusammenführung erfolgte in Form von Diaprojektionen, die zudem die Differenz zwischen gemaltem und photographiertem Abbild aufhoben und durch die geschaffenen Konfigurationen sämtliche Kriterien der Auswahl verschmolzen. Wie bei der Bezugnahme auf Weiß und Ornamente entwickelte Hahnenkamp somit auch in ihrer Auseinandersetzung mit dem weiblichen Körper Wechselbilder zwischen einem Motiv an sich, Traditionen seiner Verwendung und ikonographischen Zusammenhängen. Durch die Durchdringung von „privater und öffentlicher Identität und Existenz"[7] thematisierte sie die Instrumentalisierung des Körpers und die Fremdbestimmung seiner Präsentation.

Nach Silvia Eiblmayr sucht Hahnenkamp „die Evidenz des Imaginären bewusst in solchen Bildern, Klischees und Ritualen, die unspektakulär und alltäglich sind, um gerade hier etwas über die Funktionsweisen symbolischer und gesellschaftlicher Konstruktionen und Herrschaftsstrukturen herauszufinden".[8]

Eiblmayr benannte in ihrem Beitrag zum Werkkatalog der Künstlerin 1996 erstmals auch die Dialektik als entscheidendes Prinzip des künstlerischen Konzepts. Diese sah sie grundsätzlich in der Repräsentation des menschlichen Körpers und einer fiktiven Identität angelegt. Hahnenkamp gehe es einerseits *um die Frage der Darstellbarkeit eines Ideals und andererseits um die Frage der Darstellbarkeit des Undarstellbaren, des Tabuierten.*[9] Die Photographie entspreche als „methodisches Modell"[10] dieser Werk-

---

6 Friedrich Tietjen, *Maria Hahnenkamp. Stadtgalerie Saarbrücken, 14.6.–12.8.2001*, in: *Camera Austria International*, Nr. 75, Graz, 2001, S. 88.

7 Rainer Fuchs, a.a.O.

8 Silvia Eiblmayr, *Zur Dialektik der methodischen Wahrnehmung bei Maria Hahnenkamp*, in: *Maria Hahnenkamp*, Werkkatalog, Wien, 1996, S. 10.

9 Silvia Eiblmayr, a.a.O., S. 12.

konzeption, zumal der Entstehungsprozess des photographischen Bildes *als Metapher für jenen unbewussten, imaginären und phantasmatischen Prozess, welcher der Beziehung zwischen Subjekt und Repräsentation zugrunde liege, erscheine.*[11]

Der Gedanke des Photoapparates als Metapher für die Arbeit Hahnenkamps wurde in der bisherigen Rezeptionsgeschichte mehrfach formuliert. Erstmals von Johanna Hofleitner[12] 1993; jüngstens von Friedrich Tietjen 2001: *Statt mediale Mechanismen affirmativ anzuwenden oder kritisch gewendet zu wiederholen, verstärke Maria Hahnenkamp deren Effekt, so dass man Bilder sehe – Bilder davon, wie die Photographie Bilder macht.*[13] 1999 erweiterte Hofleitner ihren ersten Vergleich und bezeichnete *die Photographie als Stellvertreter des Blicks des „Anderen", die Kamera als apparative Metapher des Sehens.*[14] Die Autorin verwies mit dieser Aussage vor allem auch auf Hahnenkamps Verwendung von Bildmaterialien, Zeitungsausschnitten bzw. die Zusammenarbeit mit anderen Photographen, die nach ihrer Anleitung Aufnahmen machten. Obwohl Maria Hahnenkamp somit auch nie dezidiert als Photographin bezeichnet wurde, rezipierte man ihre Arbeit sehr bewusst im Kontext der Photographie, wobei die Kongruenz zwischen der künstlerischen Methode und dem photographischen Verfahren als Hauptargument diente. Demgegenüber sah Carl Aigner das künstlerische Selbstverständnis unabhängig von photographischen Überlegungen – *die photographischen Aneignungen würden Frage- und Problemstellungen, die sich primär an der Thematik ihrer Arbeiten und dem aktuellen Kunstdiskurs orientierten, folgen.*[15] Er charakterisierte 1995 eine Grunddisposition, die sich repräsentativ für die Kunstentwicklung der neunziger Jahre erweisen sollte und von Martin Prinzhorn[16] als mediale Transgression beschrieben wurde. Für ihn sei dies ein Ansatz, die sozialen, historischen und formalen Bindungen, die zu einem bestimmten Medium bestünden, durch Domänüberschreitung aufzulösen. Dabei gäbe es wiederum zwei grundsätzliche Strategien: *einerseits könnten formale Aspekte einer Domäne in eine andere getragen werden. Andererseits könnten auch inhaltliche Aspekte, die in einer bindenden Relation zu einer formalen Domäne stünden, in eine andere, formal definierte Domäne übertragen wer-*

---

10   Silvia Eiblmayr, a.a.O., S. 16.

11   Silvia Eiblmayr, a.a.O., S. 16.

12   Johanna Hofleitner, *Der Blick des Begehrens*, in: *Maria Hahnenkamp*, Werkkatalog, Wien, 1993, S. 11.

13   Friedrich Tietjen, a.a.O., S. 88.

14   Johanna Hofleitner, *Die Schnittstelle Kunst – Photographie. Historische Voraussetzungen und Herausbildung einer zeitgenössischen Photoszene*, in: Carl Aigner und Daniela Hölzl (Hrsg.), *Kunst und ihre Diskurse. Österreichische Kunst in den 80er und 90er Jahren*, Wien, 1999, S. 156.

15   Carl Aigner, *The Hidden and Salvaged Sex*, in: *The European Face*, Katalog der Talbot Rice Gallery, Edinburgh, 1995, S. 6.

16   Martin Prinzhorn, *Die Neunziger*, in: *Die Neunziger/The Nineties*, Katalog der Secession, Wien, 1994, S. 11.

den.[17] Friedrich Tietjen[18] folgte in seiner Fokussierung von Methoden der österreichischen Kunst in den neunziger Jahren dieser Argumentation der Transgression und sah in ihr „nicht zuletzt einen Angriff auf herkömmliche Modelle der Repräsentation"[19]. Exemplarisch und wirkungsvoll würde diese Repräsentativität von Muntean/Rosenblum, Elke Krystufek, Gregor Zivic und Maria Hahnenkamp verletzt. Ihr Abschmirgeln von Photographien mit „Modellen beim Friseur, bei der Maniküre und anderen Verrichtungen zur Herstellung weiblicher Schönheit"[20] käme dem *Auslöschen einer Geschichte der Repräsentation von Frauen* gleich.

Drei Jahre zuvor war Christian Kravagna anlässlich der Ausstellung der Künstlerin in der Salzburger Galerie Fotohof[21] und unter Bezugnahme auf die gleiche Werkgruppe der abgeschmirgelten und zusammengenähten Arbeiten zu einer ähnlichen Aussage gekommen: Er bezeichnete das Abschmirgeln und Zusammennähen als *ein radikalisiertes methodisches Verfahren des Umgangs mit Bildern von Frauen.*[22] Dabei steuere Maria Hahnenkamp *der Definitionsmacht der Frauenbilder durch zwei Modelle entgegen.* „Das Modell der Dekonstruktion von Repräsentationsmustern und das Modell der Annäherung an die (Behauptung der) Unrepräsentierbarkeit des Weiblichen."[23]

Carl Aigner und Johanna Hofleitner sahen diese Strategie dabei bewusst von Maria Hahnenkamp als Frau verfolgt. *Die autobiographische Thematisierung gesellschaftlicher Repräsentationsstrategien der Frau stehe im Zentrum ihres Diskurses.*[24] *Als Frau eigne sie sich gerade jene Wirklichkeitselemente, die am intensivsten besetzt seien, wie Beweisstücke der Macht an.*[25] Ami Barak knüpfte dieses Netz an Weiblichkeit, Biographie und Erinnerungsmomenten schließlich noch enger und beschrieb den *Raum, den die Künstlerin für sich bewahrte, als ein Mädchenzimmer*[26].

Ikonologisch kulminierte die bisherige Arbeit der Künstlerin im weiblichen Körper und den Bildern dieses Körpers. Um die Bedeutung dieser Differenzierung waren im

---

17 Martin Prinzhorn, a.a.O., S. 16.

18 Friedrich Tietjen, *Über den Tellerrand – Zur Kunst im Österreich der neunziger Jahre*, in: *Aspekte/Positionen. 50 Jahre Kunst aus Mitteleuropa 1949 bis 1999*, Katalog des Museums Moderner Kunst Stiftung Ludwig Wien, Wien, 1999, S. 189 – 193.

19 Friedrich Tietjen, a.a.O., S. 193.

20 Friedrich Tietjen, a.a.O., S. 192.

21 Ausstellungsdauer: 20. Juni bis 20. Juli 1996.

22 Christian Kravagna, *Die Frau, die Wahrheit und der fotografische Körper*, in: *Maria Hahnenkamp*, Werkkatalog, Wien, 1996, S. 82.

23 Christian Kravagna, a.a.O., S. 89.

24 Carl Aigner, a.a.O., S. 6.

25 Johanna Hofleitner, Werkkatalog, 1993, S. 9.

26 Ami Barak, *Schneewittchen for ever*, in: *Maria Hahnenkamp*, Werkkatalog, Wien, 1993, S. 35.

Speziellen die Texte Silvia Eiblmayrs bemüht. Hahnenkamps Arbeiten *seien Szenarios über den Körper und sein Abbild, über sein Erscheinen und Verschwinden in der Dialektik von Exhibition und Verhüllung, von Verführung und Verweigerung, von Aggression und Scham, von psychischem Affekt und ästhetischem Effekt.*[27] Es sei „das phantasmatische Bild der fetischisierten, voyeuristisch verfügbaren, exzessiv-erotischen, hysterischen, zerstörerischen und, als dessen Kehrseite, der in idealer Reinheit mystifizierten Frau, das Hahnenkamp auf differenzierte Weise ins Spiel"[28] bringe.

In Anlehnung an die oben erwähnte Metapher Johanna Hofleitners vom „Blick des Anderen" für das photographische Selbstverständnis Hahnenkamps fiel bisher auch der Blick der Künstlerin auf die Körper anderer Frauen. Ihr eigener Körper war nur selten sichtbar. Am öftesten dokumentierte sie sich selbst bei der Arbeit: beim Bohren, Nähen und Schmirgeln. Sie gab sich dabei allerdings nicht zu erkennen. Für die Rezipienten bleiben alle Frauen – und so auch Hahnenkamp selbst –, die Körper und die Bilder anonym. Sie sind es durch die Provenienz des Bildmaterials oder durch den gewählten Bildausschnitt. Das Konzept vom Körper als Medium bzw. als Material ist von einer unmittelbar wirksamen Präsenz der Künstlerin gelöst.

In ihrer Kunst geht Maria Hahnenkamp zu sich selbst auf Distanz und versucht diese Mittelbarkeit als rationale Schärfe auch in allen Phasen der Selektion, Produktion und intendierten Rezeption anzulegen. Deutlich zeigte sich dies in ihren frühen Photoalben, die man nur mit weißen Handschuhen durchblättern durfte. Eben diese bezeichnete Peter Zawrel als „Elemente der Distanzierung"[29], wobei der Handschuh beide schütze: das Objekt und die, die es berühren.

Dadurch gelang es der Künstlerin von Beginn an, Distanz als eigene Kategorie modellhaft im Werkprozess anzulegen. Als grundsätzliches Phänomen entspricht sie im Gesamtwerk der Wirkung von Weiß, der Funktion des Ornaments, dem Umgang mit Ikonographie und der Verwendung des Körpers.

Diese Faktoren bestimmen das künstlerische Werk Hahnenkamps. Ihre Summe changiert am scharfen Grad von Illusionismus und Wirklichkeit, von Realität, Verismus und symbolischem Gehalt. Diesem Prinzip folgten auch die jüngsten Arbeiten der Künstlerin. Es sind Photographien eines weiblichen Körpers, der sich partiell an eine – im Photo nicht mehr sichtbare – Glasscheibe drückt. Dadurch wirkt der Körper an diesen Stellen subtil manipuliert und kaum sichtbar inszeniert. Es sind Bilder, über die Hahnenkamp im Sinne Silvia Eiblmayrs *bewusst einen instrumentellen Status inner-*

27   Silvia Eiblmayr, *Die weiße Frau und die weiße Zelle. Zu den Arbeiten von Maria Hahnenkamp,* in: *Camera Austria International,* Nr. 61, Graz, 1998, S. 3.

28   Silvia Eiblmayr, a.a.O., S. 4.

29   Peter Zawrel, Eröffnungsrede zur Ausstellung von Maria Hahnenkamp in der Galerie Stadtpark in Krems am 21. April 1996, unveröffentlichter Text aus dem Archiv der Künstlerin.

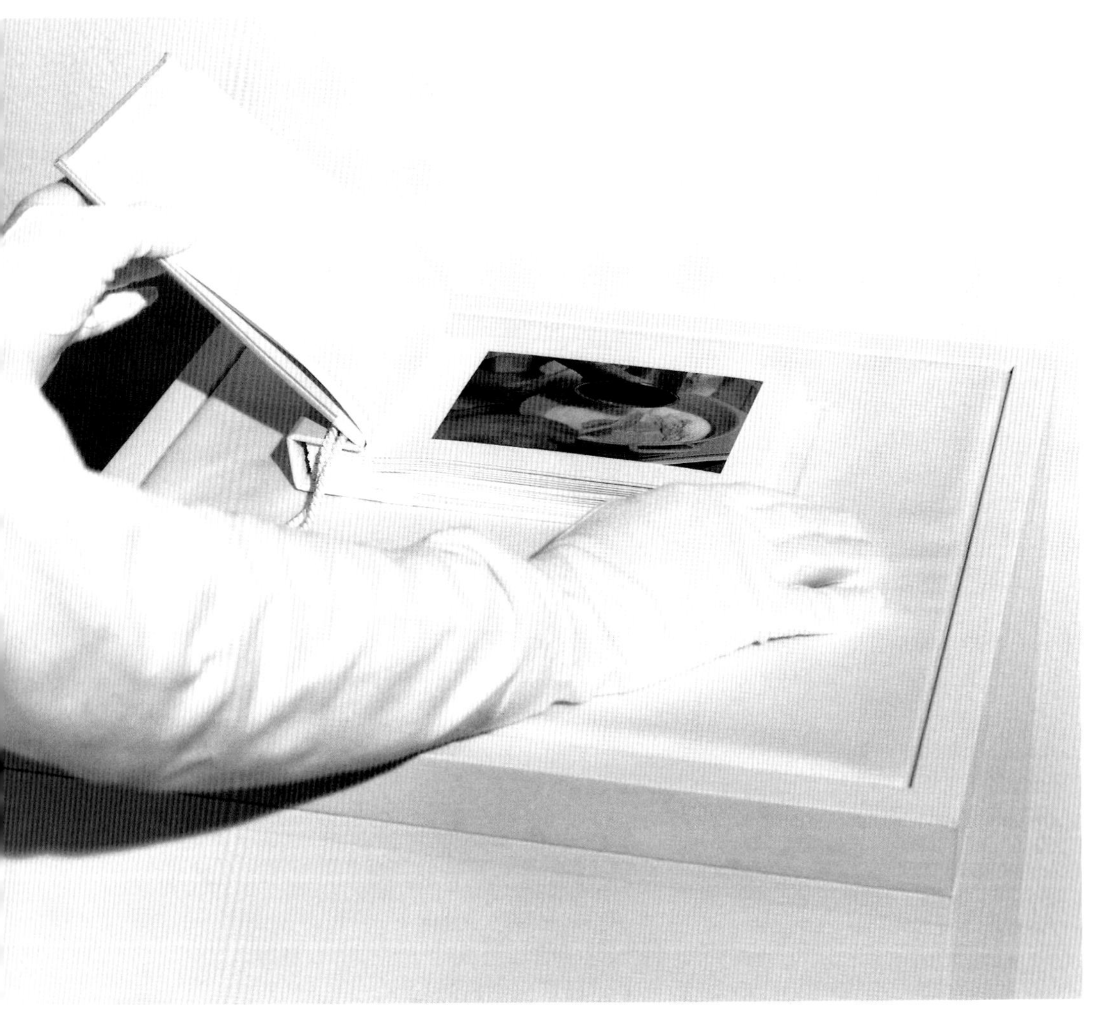

30   Silvia Eiblmayr, *Die verletzte Diva. Hysterie, Körper, Technik in der Kunst des 20. Jahrhunderts*, Köln, 2000, S. 19.

31   Margit Zuckriegl, *Innenwelt/Außenwelt. Die Idee der Oberfläche bei Eva Schlegel, Ilse Haider und Maria Hahnenkamp*, in: *noëma art journal*, Nr. 42, Salzburg, 1996, S. 62 – 65.

32   Margit Zuckriegl, a.a.O., S. 64.

33   Monika Faber, a.a.O., S. 23.

34   Silvia Eiblmayr, *Camera Austria International*, 1998, S. 3f.

35   Toyen, „Relâche" (Heute keine Vorstellung), 1943, Öl auf Leinwand, 110 x 53 cm, Galerie Alsová, Tschechien.

      Helena Almeida, „Pintura Habitada" (Bewohnte Leinwand), 1976, 160 x 120 cm.

16

halb des Repräsentationssystems inszeniert, indem die Künstlerin auf dessen Funktionsweise Bezug nimmt.[30]

Die Wahrnehmung Maria Hahnenkamps und die verschiedenen Zuordnungsversuche ihres Werks entsprachen seit 1990 weitgehend den im ersten Textteil – aus unmittelbar in Bezug auf die Künstlerin verfassten Beiträgen – definierten Grundstrukturen.

Als Künstlerin Autodidaktin, begann ihre Ausstellungstätigkeit 1991. Die folgende Berücksichtigung bei Projekten wie „Körpernah", „Fisch & Fleisch, Photographie aus Österreich 1945 – 1995", „Making Pictures: Women and Photography 1975 – Now", „Diskurs Feminin: I eiblicher Logos", „La casa, il corpo, il cuore. Konstruktion der Identitäten", „Der anagrammatische Körper" u.a. verwies dabei alleine von den Titeln auf die Rezeption ihrer Arbeit als der einer Frau, im Kontext der Photographie und mit der speziellen Aufmerksamkeit auf den Körper.

Gleichzeitig bemühten sich verschiedene Beobachtungsansätze um strukturelle Vergleiche mit anderen Positionen. Exemplarisch stand hierfür ein 1996 veröffentlichter Text von Margit Zuckriegl.[31] In diesem versuchte sie, Maria Hahnenkamp gemeinsam mit Eva Schlegel und Ilse Haider als konkrete Beispiele für die Bedeutung der Oberfläche in der Photographie zu analysieren. Zuckriegl sah alle drei Künstlerinnen als *genuin photographisch angelegte Positionen,* die *eine bild- und aussageträchtige ikonographische Sprache charakterisieren würde.*[32] Bei jeder Künstlerin ergebe sich die bildmanifeste Erscheinungsform der Arbeiten aus dem Zusammenwirken von haptischer Präsenz und plastischer Qualität. Bei dieser Feststellung bezog sich die Autorin auf drei Werkgruppen Maria Hahnenkamps: Das „Bettzudeck-Album" von 1988 – 1991, zusammengenähte Farbphotographien roter Sofas sowie die Serie der abgeschmirgelten photographischen Arbeiten. Eben diese wurden von Monika Faber[33] zum Anlass für eine ebenfalls 1996 publizierte Kontextualisierung Hahnenkamps genommen. *Die leere, weiße Fläche sei das Produkt einer Negation, einer Bilder-Verweigerung, eines Ikonoklasmus, der in der Tradition der erased drawings von Robert Motherwell oder der Übermalungen von Arnulf Rainer Bilder als beengende Konvention enttarne und einem aggressiven Akt ausliefere.*

Silvia Eiblmayr[34] wiederum zog zwei konkrete Beispiele von Toyen und Helena Almeida als *stellvertretende Referenz zu Hahnenkamps Arbeiten* heran. In beiden Arbeiten[35] wurde das Verhältnis von einem weiblichen Körper zur Bildebene thematisiert. Bei Toyen schien eine Frau zunehmend im Bildgrund zu entschwinden; bei Almeida entwickelte sich eine Frau in einer Serie zu einer immer stärkeren Präsenz, um nach der optischen Durchbrechung der vordersten Bildebene wieder von der Fläche aufgesogen zu werden. Die Parallele zwischen Hahnenkamp und diesen beiden Beispielen aus den vierziger und siebziger Jahren sah Eiblmayr in der zentralen Bedeutung des Zusammenhangs von Körper und Bild- bzw. Repräsentationsstruktur.

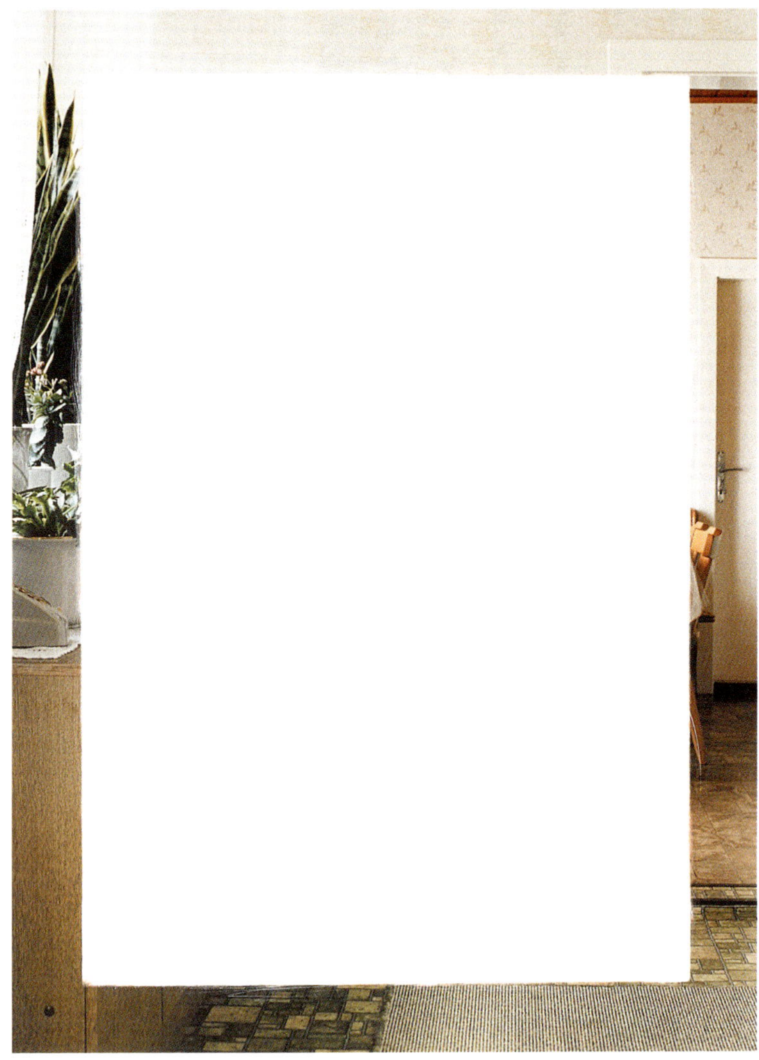

Den bisherigen Referenzbeispielen zu Maria Hahnenkamp stellte Christa Steinle mit Cindy Sherman und Barbara Kruger schließlich zwei von der Autorin als Gegensätze bezeichnete Positionen entgegen. Den Unterschied begründete Steinle mit der *allegorischen Arbeitsweise der beiden Künstlerinnen. Sherman inszeniere den Frauenkörper als „Gestalt des Biologischen" in seinen sozialen Rollen. Hahnenkamp ziele demgegenüber auf den Körper „beyond the natural body" ab. Der abstrahierende, frag-*

mentarische Ausschnitt des Körpers verweise auf den Körper als Zeichen, als Kon-
strukt des Herrensignifikanten, und führe damit den Körper vom Realen und vom Rea-
lismus in das Reich des Symbolischen und Imaginären.[36] Exemplarisch sah Christa
Steinle hierin auch den Gegensatz zwischen der feministischen Kunst der achtziger
und der der neunziger Jahre: „Maria Hahnenkamp arbeitet metonymisch im Stil der
neunziger Jahre, d.h. im Diskurs der linguistischen Ausgrenzung. Mit der linguistischen
Operation der Ausgrenzung sucht sie nach den Gründen der sozialen und kulturellen
Ausgrenzung der Frau."[37]

Wie in dem schon erwähnten Aufsatz zur Repräsentationskritik von Friedrich Tietjen
wurde Maria Hahnenkamp somit auch in diesem Beitrag von Steinle als eine für die
neunziger Jahre charakteristische Position bezeichnet. Eine entsprechende phänoty-
pische Rolle wies ihr auch Johanna Hofleitner in der 1999 veröffentlichten Beobach-
tung zur zeitgenössischen Photographie in Österreich zu. Maria Hahnenkamp wurde
in diesem Text gemeinsam mit Franz Graf, Walter Obholzer, Eva Schlegel, Hans Kuppelwieser, Herwig Kempinger, Valie EXPORT, Thomas Freiler, dem Künstlerpaar Horákova
& Maurer und Günther Selichar behandelt. Es sei kennzeichnend für diese jüngste Ent-
wicklungsphase, dass *die Photographie durch die Hinterfragung und die Reflexion sei-*
ner apparativen wie auch transmedialen Möglichkeiten in Zusammenhang mit der
Überwindung der transavantgardistischen Untersuchung der klassischen Ausdrucks-
mittel und mit der Fortschreibung des Kunstdiskurses eine zentrale Bedeutung besä-
ße.[38] So lote auch Maria Hahnenkamp *mit der Photographie die gesellschaftliche Zone*
des durch patriarchalisch-kulturelle Überformung tabuisierten Blicks aus und nehme
durch die nichtphotographische Überarbeitung des Abschmirgelns eine zweite Kodie-
rung vor.[39]

Dass diese abgeschmirgelten Photographien auch bloß als eine „Art Malerei"[40] wahrgenommen werden konnten, war insofern bemerkenswert, als Brigitte Huck und Monika
Faber im Rahmen der Ausstellung „Auf den Leib geschrieben"[41] und in der konkreten

---

36 Christa Steinle, *Das Geschlecht der Kunst. Kunsthistorische und psychoanalytische Anmerkungen zur Falte als*

   diskursives Element der Fotografie, des Raumes und des Körpers im Werk von Maria Hahnenkamp, Folder der Neuen

   Galerie am Landesmuseum Joanneum, Graz, 1996.

37 Christa Steinle, a.a.O.

38 Johanna Hofleitner, *Die Schnittstelle Kunst – Photographie*, S. 158.

39 Johanna Hofleitner, a.a.O., S. 154f.

40 Christian Kravagna, a.a.O., S. 81. Der Autor reagiert damit auf die Missverständnisse bei der Rezeption von

   Hahnenkamps abgeschmirgelter Arbeit im Rahmen der Ausstellung *Zeitschnitt 92 – Aktuelle Kunst aus Österreich*

   im Wiener Museumsquartier 1992.

41 Brigitte Huck und Monika Faber, *Von der Geburt des Körpers aus dem Geist der Sprache,* in: *Auf den Leib*

   geschrieben, Katalog zur Ausstellung der Kunsthalle Wien im Museumsquartier, Wien, 1995, S. 35.

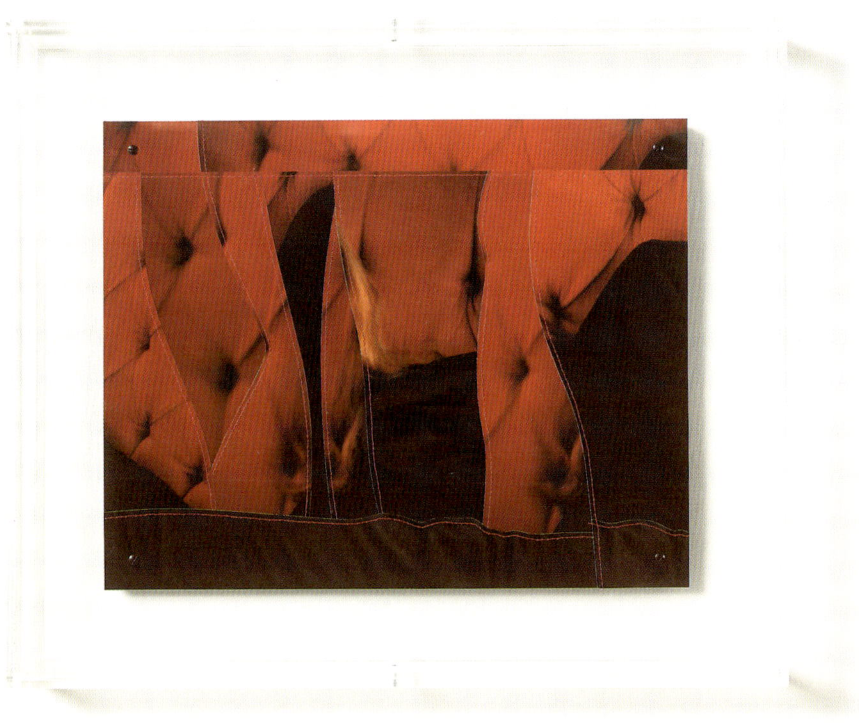

Werkbeschreibung von Sue Williams die Kommunikation feministischer Interessen über das Medium der Malerei als eine wirkungsvolle Neuerung gegenüber der Photographie und Performance bezeichneten.

Für das Verhältnis von Photographie und feministischen Inhalten zeichneten die Autorinnen drei Entwicklungsschritte in der österreichischen Kunst seit 1970. *Die Photographie als tragfähigstes Medium für Ausdruck und Dokumentation des feministischen Aktionismus*[42] wurde von den Autorinnen für die Arbeiten Valie EXPORTS in den siebziger Jahren konstatiert. Anschließend habe Birgit Jürgenssen *im Sinne der expanded photography die eigene Körpertopografie immer wieder durch Bild- und Sprachcolla-*

42   Brigitte Huck und Monika Faber, a.a.O., S. 32.

43   Brigitte Huck und Monika Faber, a.a.O., S. 32.

gen verändert[43]. *Dieser Zurückweisung der männlich kodierten Verbalsprache durch prozessorientierte Körperarbeit würden jüngere KünstlerInnen-Generationen den bewussten Einsatz linguistischer Systeme entgegensetzen.*[44]

Im Sinne der Ausführungen Christa Steinles gehört Maria Hahnenkamp zwar dieser letzten Entwicklungsstufe an, allerdings zeigt ihr Werk auch deutliche Bezüge zu den vorausgegangenen Phasen, deren Radikalität sie durch die Subtilität der Gestaltungsmittel jedoch deutlich mindert. Die Koppelung fokussierter Körperausschnitte mit nuancierten Weißabstufungen folgt insgesamt einem ästhetischen Konzept, das von seiner Wirkung am ehesten mit der „Qualität der Langsamkeit"[45] in den Videoarbeiten Friederike Pezolds zu vergleichen ist. Beide agieren dabei gegen das Spektakuläre und setzen ihren undramatischen Umgang mit dem Körper einer voyeuristischen und von fetischisierten Objekten bestimmten Reizüberflutung entgegen. Das bestimmende Weiß der Arbeiten Hahnenkamps wird somit auch zum Faktor der Entschleunigung eines massenmedial bestimmten Aggressionspotentials im Umgang mit Bildern von Frauen.

Gleichzeitig entspricht die Funktion von Weiß jener Abstraktion Friederike Pezolds, *durch die sie den weiblichen Körper trotz der Fragmentierung und der Verweigerung eines individuellen Subjektstatus vor einer Reduzierung zum manipulierten Objekt bewahrt.*[46]

Über das von beiden Künstlerinnen gezielt eingesetzte Mittel der Komposition ergibt sich eine weitere Vergleichsmöglichkeit der Arbeiten Hahnenkamps mit den 1980 entstandenen Bade-Polaroids von Birgit Jürgenssen. Bei diesen tauchte sie mit einzelnen Körperpartien aus unterschiedlich eingefärbtem Wasser auf, wodurch sich diese Ausschnitte – wie bei Pezold – als zunehmend autonom wirkende Bildgegenstände kontrastreich von einem monochromen Hintergrund absetzten. Jürgenssen changierte dabei sehr bewusst zwischen allen Möglichkeiten der Lesbarkeit dieses Konzepts und der Erkennbarkeit des weiblichen Körpers. Abgesehen von der neuerlichen Ausschnitthaftigkeit des Körperbildes operiert Maria Hahnenkamp bei ihren Arbeiten mit einem sehr ähnlich strukturierten Informationsgehalt. Dieser erschließt sich über den jeweiligen Ausschnitt, die Präsenz bzw. Absenz des Körpers, seine Inszenierung und Manipulation sowie die gewählten Bild- und Gestaltungsmittel wie Farben und Kontraste. Hinzu kommen Hahnenkamps Arbeiten in Serien und ihr Zugriff auf verschiedene Materialien, deren jeweiliger Bedeutungsgehalt in die Gesamtkonzeption eingebunden wird. Ihr Einsatz von privaten und öffentlichen Bildern, Beispielen der Kunstgeschichte und

---

44   Brigitte Huck und Monika Faber, a.a.O., S. 32 – 33.

45   Stella Rollig, *Künstlerinnen. Zeitgenössische Positionen*, in: Ingried Brugger, *Jahrhundert der Frauen. Vom Impressionismus zur Gegenwart. Österreich 1870 bis heute*, Ausstellungskatalog des Kunstforums Wien, Wien, 1999, S. 269.

       Rollig bezog sich hierbei auf die Videoskulpturen aus der Serie „Elektronische Göttinnen".

46   Stella Rollig, a.a.O., S. 269.

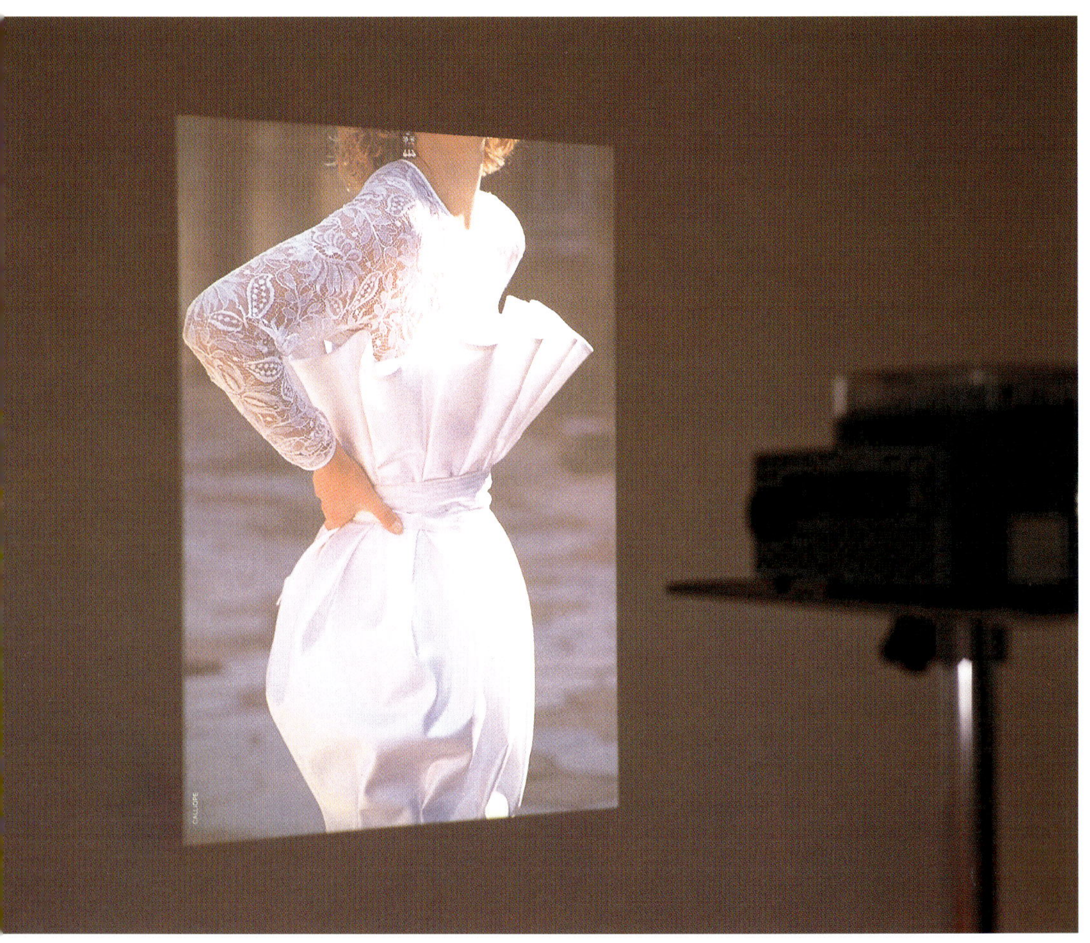

vor allem des Ornaments entspricht dabei der gezielten Suche Jürgenssens nach verschiedenen Gegenständen und Objekten, die in ihrem jeweiligen Symbolgehalt mit den Körperausschnitten gekoppelt wurden. Silvia Eiblmayr sprach im Zusammenhang mit den Polaroidarbeiten von einer *„Kunst der Bilder"*, *die die performative Körperkunst um 1980 abzulösen begonnen habe; (...) die Serie ließe sich wie ein Kommentar nicht nur zur Geschichte der Bodyart, sondern, in dialektischem Rückverweis, auch zur Geschichte der Malerei der Moderne lesen* [47].

47   Silvia Eiblmayr, *Der Gedanke auf dem Bad in einem spiegellosen Raum. Die Bade-Polaroids von Birgit Jürgenssen*, in: *Birgit Jürgenssen. Früher oder später*, Katalog des Oberösterreichischen Landesmuseums, Linz, 1998, S. 33.

Eben diese beiden Lesarten bieten auch die Arbeiten Maria Hahnenkamps, in die sie zusätzlich jedoch auch die Geschichte feministischer Strategien der siebziger und achtziger Jahre selbst integriert. Hahnenkamps immer wiederkehrende Zusammenführung von kollektiver Erinnerung und persönlichem Erleben operiert somit auch ganz bewusst mit der historischen Dimension einer künstlerischen Repräsentationskritik. Neben der zunehmend perfektionierten Bildästhetik der Künstlerin erweist sich gerade dieses Referenzsystem als ein wesentliches Merkmal ihrer Position.

Im Rahmen der von Stella Rollig für den Steirischen Herbst 2000 konzipierten Ausstellung „hers" hatte die Kuratorin als Thema des Projektes nicht „die Kunst von Frauen, sondern die künstlerische Auseinandersetzung mit Frauen, und zwar mit ihrer medialen Repräsentation"[48] betont. Maria Hahnenkamp folgt dieser Charakterisierung, schließt jedoch die *Reflexion* über die künstlerische Auseinandersetzung mit Frauen und die *Geschichte* ihrer medialen Repräsentation in die Gesamtkonzeption mit ein.

Im gleichen Kontext stellte Rollig in Bezug zu ihrer Themenstellung die Frage nach Veränderungen in den vergangenen dreißig Jahren. *In den siebziger Jahren sei die Stoßrichtung klarer gewesen: es wäre gegen die männliche Verfügung über das Bild der Frau gegangen. (...) vielleicht sei nun aber die Annahme eines klaren Antagonismus zwischen Männlich und Weiblich aufgegeben worden.*[49] Diese Vermutung Rolligs lässt sich alleine vom konsequenten Zugriff Hahnenkamps auf den weiblichen Körper nicht auf die Künstlerin übertragen. Wodurch sich Hahnenkamp dennoch dezidiert von den siebziger Jahren unterscheidet, ist, dass sie für sich ein breiteres Spektrum an Strategien auf die unverändert gebliebene Stoßrichtung entwickelte.

Die entsprechenden Merkmale lassen sich am deutlichsten über den Vergleich zweier Texte von Valie EXPORT und Elfriede Jelinek definieren. In dem 1972 entstandenen Manifest für die geplante Ausstellung „MAGNA" hatte EXPORT das Bild der Frau als ein vom Mann bestimmtes bezeichnet. *Auch die Kunst sei zum Großteil von Männern erzeugt worden. Um die aufgedrängte Kunst zu verändern, müssten die Facetten der Frau, die der Mann gebaut habe, zerstört werden. Durch die Herausschlagung neuer Bedeutungen aus der Kunst könne die Kunst für die Frauenbewegung von Bedeutung werden, wobei die Übertragung der spezifischen Situation der Frau in den künstlerischen Kontext Zeichen und Signale errichten würde, die einerseits neue künstlerische Ausdrucksformen und Botschaften seien und andererseits rückwirkend die Situation der Frau veränderten.*[50]

---

48 Stella Rollig, *Video als Zumutung*, in: *hers. Video als weibliches Terrain*, Katalog zur Ausstellung im Landesmuseum Joanneum, Steirischer Herbst 2000, Wien, 2000, S. 18.

49 Stella Rollig, a.a.O., S. 18.

50 Valie EXPORT, *WOMAN'S ART*, in: *Neues Forum*, XX, 228, Jänner 1973, S. 47.

Im Gegensatz zu dieser revolutionären Aufbruchstimmung, die die Zerstörung des männlich bestimmten Frauenbildes und die Erzeugung einer neuen Kunst forderte, beschrieben Brigitte Huck und Monika Faber anhand eines Textes von Elfriede Jelinek[51] zur Ausstellung „Auf den Leib geschrieben" eine Strategie, die die Sprache der Männer gegen diese selbst richtete, zumal *die Frau von ihrem Körper gleichsam begleitet würde. So könne die Frau nicht ohne das Bewusstsein ihres Geschlechts handeln, sich niemals „Neutralität" in Sprache und Tat aneignen, wie sie Männer für sich reklamierten.*[52] Für Jelinek müsse die Frau eine *männliche Position einnehmen, wenn sie Literatur produzieren wolle.*[53]

Maria Hahnenkamp führte in ihren bisherigen Arbeiten beide Forderungen wirkungsvoll zusammen. Sie griff einerseits im Sinne Jelineks auf die Ergebnisse der männlichen Repräsentation der Frau zu. Andererseits zerstörte sie in Entsprechung zu EXPORT über das Abschmirgeln von Photographien auch die männerbestimmten Frauenbilder.

Jelineks Argumentation wiederholte aus Sicht der Literatur eine Theorie, die Jacqueline Rose 1984 im Zuge ihrer Kritik der Visualität von Bildern als Frage nach der sexuellen Differenz und als Destabilisierung der Normen formuliert hatte.[54] Rose sprach hierbei von der Methode, sich künstlerische und photographische Bilder anzueignen, um deren bisherigen Status zu untergraben. Allerdings fragte sie auch nach der konkreten Verantwortung des Bildes für die Reproduktion von Normen. Als Reaktion auf Freuds Theorie der Psychoanalyse konstatierte Rose, dass die Sexualität weniger im Inhalt des Gesehenen als in der Subjektivität des Sehenden läge. Und genau *dieses Verhältnis zwischen dem Beobachter und dem Beobachteten sei stets ein Verhältnis der Brüche, der partiellen Identifikation, der Lust und des Misstrauens.*

Bezogen auf Maria Hahnenkamp erweitert diese Äußerung von Jacqueline Rose das bisherige Verhältnis einer Künstlerin und ihrer Bilder um die Rolle der Rezipienten, in die die Künstlerin bei der Auswahl ihrer Bilder von verschiedensten Frauen gleichzeitig jedoch auch selbst permanent schlüpft. Insofern stellen die Arbeiten Hahnenkamps nach allen Richtungen ein System der gegenseitigen Zuordnung sexueller Identität dar. Hahnenkamp thematisiert dieses System, übernimmt es und hat gleichzeitig an ihm teil. Ihre Arbeit ist demnach auch kein moralisches Korrektiv, sondern die visuelle Kommunikation der Spannung zwischen dem Sichtbaren und dem Dargestellten weiblicher Identität.

---

51 Elfriede Jelinek, *Die Frau und K.*, in: *Auf den Leib geschrieben*, Katalog zur Ausstellung der Kunsthalle Wien im Museumsquartier, Wien, 1995, S. 65f.

52 Brigitte Huck und Monika Faber, a.a.O., S. 30f.

53 Christa Gürtler (Hrsg.), *Gegen den schönen Schein. Texte zu Elfriede Jelinek*, Frankfurt/M., 1990, S. 8.

54 Jacqueline Rose, *Sexuality in the Field of Vision*, in: *Difference: On Representation and Sexuality*, Ausstellungskatalog des Museums Moderner Kunst, New York, 1984, S. 31 – 33.

Ein abschließender Exkurs führt nochmals zu Hahnenkamps Verwendung des Ornaments zurück und koppelt dieses mit dem weiblichen Körper. 1927 veröffentlichte der deutsche Theoretiker Siegfried Kracauer den Aufsatz „Das Ornament der Masse"[55], in dem er den von den amerikanischen „Tillergirls" ausgelösten Körperkult analysierte. Mit dem Titel bezeichnete er die Folgen jener exakten Choreographie, durch die bei Revuen die einzelne Frau in einem „unauflöslichen Mädchenkomplex" aufginge. Kracauer konstatierte in diesen Massen den Verlust der Individualität und des Geschlechts. Die ornamentale Bewegung der Frauen würde nichts Erotisches mehr meinen, sondern allenfalls den Ort des Erotischen bezeichnen.

Exemplarisch sollte diese *Untersuchung der „Oberfläche" des Lebens Aufschluss über die zugrunde liegenden Realitätsbedingungen geben*[56] und gleichzeitig auf die gegenwärtige Gesamtsituation verweisen. Im Massenornament der „Tillergirls" erkannte Kracauer vielfältige Parallelen zu kapitalistischen Produktionsprozessen und ihren Folgen. So sei auch die gegliederte Masse aus den Büros und Fabriken geholt; das Formprinzip, nach dem sie gemodelt würden, bestimme die Menschen auch in der Realität. Eben diese aus größeren gesellschaftlichen Zusammenhängen abgeleitete Formung der Frau interessiert Maria Hahnenkamp auch in ihrer historischen Dimension.

Viele der Bilder Hahnenkamps sind Nachbilder, die – im Kontext des künstlerischen Œuvres – ihre aus der Sichtbarkeit abgezogenen Wirklichkeitsgehalte wieder zurückerhalten.

---

55   Siegfried Kracauer, *Das Ornament der Masse*, in: *Frankfurter Zeitung* vom 9./10. Juni 1927, zitiert nach: Inka Mülder-Bach (Hrsg.), *Siegfried Kracauer. Schriften, Aufsätze 1927 – 1931*, Band 5.2, Frankfurt/M., 1990, S. 57 – 67.

56   Charles Harrison und Paul Wood, *Kunsttheorie im 20. Jahrhundert. Künstlerschriften, Kunstkritik, Kunstphilosophie, Manifeste, Statements, Interviews*, Ostfildern-Ruit, 1998, S. 572.

Maria Hahnenkamp – Iconographical Bodies

MARTIN HOCHLEITNER

The following text, written in autumn 2001, is about the work of the Austrian artist Maria Hahnenkamp. It has three objectives. First, through a detailed analysis of contributions to the individual approaches to her work since 1992, it attempts to define the basic structures of her artistic position. These concern the manifestation, iconography, method, and technique of the works and – going beyond the concept of authorship – the presence of identity in her work. The second objective is to place Hahnenkamp in the context of contemporary Austrian art. For this, the ways various groups of works have been classified and compared are reviewed and focus is placed on the art-historical parallels within the development of Austrian art since 1970. The third objective is, finally, to relate Maria Hahnenkamp to selected texts by Siegfried Kracauer, Jacqueline Rose, and Valie EXPORT in order to probe the complex system of references in her work, mainly via contributions spanning from 1927 to 1984 and their varied discussion of social mechanisms.

The present book was produced on the occasion of two exhibitions of the artist's work, one at the Stadtgalerie Saarbrücken,[1] the other at the Landesgalerie at the Oberösterreichisches Landesmuseum in Linz.[2] In accordance with the different spatial situations, Hahnenkamp presented five groups of works in all, three of which were shown at both locations – an installation with several slide projections, as well as large-format color photographs with interior views and sections of bodies. A further series of eleven embroidered photos were featured only in the Saarbrücken exhibition, where she also carried out an additional project in which she linked a sound installation by the Swiss musician Andres Bosshard with a total of three ornamental drillings.

The pieces exhibited cover the time from 1994 to 2001, though most of the works on display were produced specifically for the two exhibitions. The ornament drillings were in fact done on the spot in Saarbrücken.

---

1   Maria Hahnenkamp, *Fotoarbeiten/Installationen,* date of exhibition: 14 June to 19 August 2001.

2   Maria Hahnenkamp, *Bilder und Nachbilder,* date of exhibition: 24 January to 3 March 2002.

Although to reduce the scope of the presentation Hahnenkamp focused on a selection of works and saw the entire project as devoid of any retrospective aspect, both exhibitions faithfully trace the development of her work. What becomes especially clear is the characteristic way Hahnenkamp condenses information within individual works. A key example is the significance of white. Many of her works thus far were limited solely to white, even in the internal framing and passe-partout works, or they derived their effect from a vibrant relationship with white – as a color contrast (especially with red) or as a principle of composition, with Hahnenkamp sharply setting off the pictorial object against a white background. This figure/ground scheme can, however, be reversed, as in the sanded-down photos in which she has virtually dissolved the original subject in white as a result of the specific treatment.

White is a basic design element for Hahnenkamp, and brightness a characteristic feature of the external manifestation of her works and presentations. White is moreover a suitable equivalent to the content structure of the photographs. This conditioning connection makes white itself an integral component of the iconography and distinguishes Hahnenkamp's approach, even from the conformity of substance that Cy Twombly achieves via the white finish of his sculptures and objects.

"Her use of white is different from the use of blue by Yves Klein," says Monika Faber, describing the impression so characteristic of Hahnenkamp's work, a point that she elaborated on in a separate essay specifically on this subject in 1996.[3] "Hahnenkamp's subject matter and materials inevitably lead back to this white anew, virtually every time."[4] Faber mentions two specific works in her essay – the color photos of 1993 that the artist sanded down and sewed together, and a photo series from 1995 in which Hahnenkamp combined subtly selected bits of pictures of drapes, hanging folds, and various fragmented body configurations.

The designs concerned were evolved in awareness of the manifold meanings of white in liturgy, iconography, rite, and symbolism as seen through Christian art, and conscious of the likelihood that these associations could potentially determine the perception of the work. Hahnenkamp's aggressive treatment of Christian art in both the production phase and the intended reception of her work is also evident in the design of her catalogue in 1993, where the beginning and end of the book are laid out in collages of religious images. There, she wove works by Cindy Sherman, Picasso and Richard Prince, plus bits of pornographic photos. The end result is an effect of ambivalence. On the one hand, the focal point is the importance of purity and chastity in the representation of the Virgin, introduced by white. The mirror sym-

3   Monika Faber, *Maria Hahnenkamp. Schatten im Weiß*, in: *Eikon. Internationale Zeitschrift für Photographie & Medienkunst*, issue 16/17, Vienna, 1996, pp. 22 – 28.

4   Monika Faber, op. cit., p. 22.

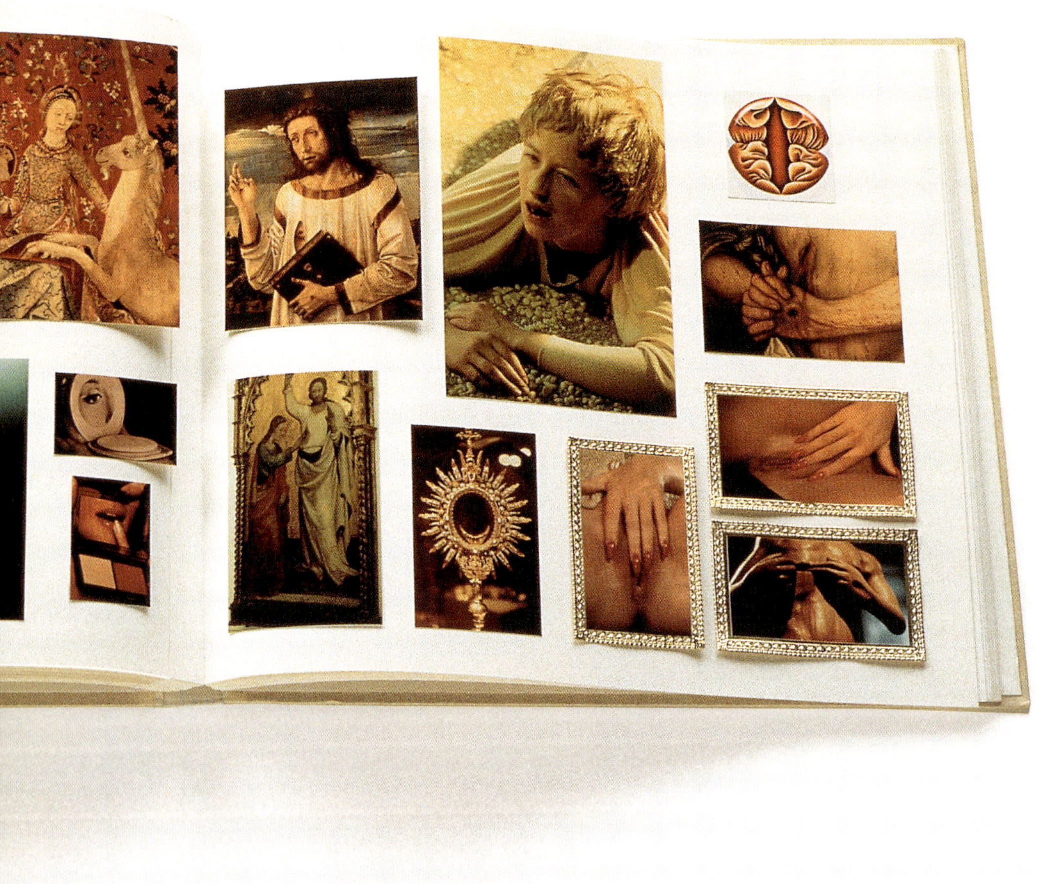

bolizes a *speculum sine macula*, which is why the unicorn can become tame only in her lap, notes Faber. On the other hand, Hahnenkamp links the wounds of Christ with the female genitals. The biblical challenge to Doubting Thomas to touch the wounds and a woman wantonly masturbating are presented as bilateral commentaries and are thus wholly reversed in their original informational content. The wound loses its innocence to the same extent as the genitals of the woman gain vulnerability in place of pornographic effect.

Hahnenkamp's clearly discernible anchoring in pictorial tradition is also evident in her use of ornamentation. Taken from pattern books, they have virtually accompanied her entire development since the late 1980s – printed on the covers of her photo albums, embroidered and drawn with pinholes on photographs and passe-partouts and drilled into the wall.

Remarking on the historical concept of ornament in Vienna around 1900, Rainer Fuchs described Hahnenkamp's use of ornamentation as "countering historically blind ornament fetishism." According to Fuchs, she quotes ornament as an element of tradition, evoking the way stereotypes of historical resistance and the notion of femininity associated therewith are passed on. "Hahnenkamp uses ornament as a resource. At the same time, she interprets the history of this use."[5]

In doing so, the artist works very deliberately with contradictions and the principle of the grotesque. By linking lavishly processed photographic surfaces with embroidered ornamentation and using drills in an aestheticized context (as documented in the catalogue), she combines anonymous/technical aspects with personal/hand-crafted elements, and subjective authorship with a surprising durability. By means of this differentiated approach, Hahnenkamp succeeds in combining in the ornament the decorative element with the significance of a content carrier, thereby playing through all the graduated possibilities of decoration, stylization, and symbolic content. Thus, in her work to date the ornament is characteristic for her appropriation of historic material, which includes art, and art history as well. However, the corresponding reference is not used as a quote that draws attention to parallels or presents the general validity of the approach adopted in its historical dimension. She links her method of selection much more so to the radicalization, contextualization, and structural transmission of historical material. Here, Hahnenkamp concentrates on representing female bodies, and in these paintings she follows the same strategy as in her *own* photographs. She fragments bodies, shows sections, and confronts these art historical examples with various journalistic, private, public, and intimate photos of women. Reacting to the most recent exhibition in Saarbrücken, Friedrich Tietjen comments on the "contingent and involuntary correspondences" in these collocations and "the resemblances between the women in them, without one appearing as the model, the other as the imitation."[6]

The specific method of collocation takes the form of slide projections. This has the additional benefit of canceling out the difference between painted and photo-

5   Rainer Fuchs, *Verinnerlichung und Erinnerung,* opening speech of the Hahnenkamp exhibition in the Galerie Christine König & Franziska Lettner on 4 June 1997 in Vienna, unpublished text from the artist's archives.

6   Friedrich Tietjen, *Maria Hahnenkamp. Stadtgalerie Saarbrücken,* 14.6. – 12.8.2001, in: *Camera Austria International,* no. 75, Graz, 2001, p. 88.

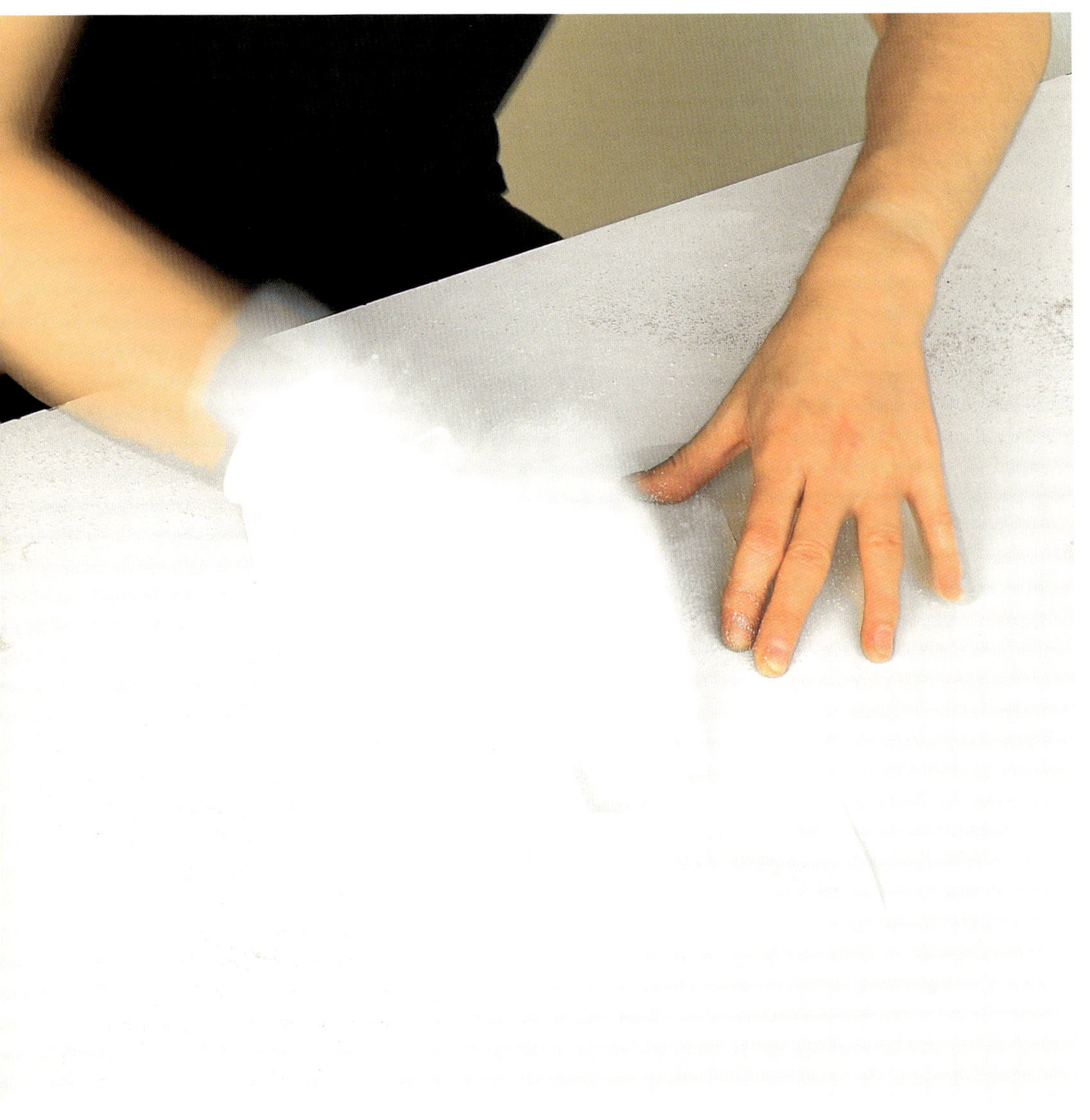

7   Rainer Fuchs, op. cit.

8   Silvia Eiblmayr, *Zur Dialektik der methodischen Wahrnehmung bei Maria Hahnenkamp*, in: *Maria Hahnenkamp*,
     catalogue, Vienna, 1996, p. 10.

9   Silvia Eiblmayr, op. cit., p. 12.

10   Silvia Eiblmayr, op. cit., p. 16.

graphed image and blending all the criteria of selection in the configurations developed. As in her use of white and ornamentation, in her engagement with the female body, Hahnenkamp similarly develops images alternating between subject matter qua subject matter, traditions of its application and iconographic links. As a result of the interpenetration of "private and public identity and existence"[7] she takes up the theme of the instrumentalization of the body and heteronomy of its presentation.

According to Silvia Eiblmayr, Hahnenkamp is "consciously looking for evidence of the imaginary in pictures, stereotypes and rituals that are unspectacular and mundane in order to discover something about the functioning of symbolic and social patterns and dominance structures."[8]

In her essay in the 1996 catalogue of the artist's works, Eiblmayr is the first to mention dialectics as one of the decisive principles of the artistic concept. Basically, she sees evidence of it in the representation of the human body and a fictive identity. Hahnenkamp, she says, is interested on the one hand "in the question of whether an ideal can be depicted and on the other hand of whether the non-depictable and the taboo can be depicted."[9] As a "methodological model,"[10] photography corresponds with this work concept especially since the creative process of the photographic picture "appears as a metaphor of the unconscious, imaginary, and phantasmal process underlying the relationship between subject and representation."[11]

The idea of the camera as a metaphor for Hahnenkamp's work has been formulated several times in the reception of her work; first by Johanna Hofleitner in 1993,[12] most recently by Friedrich Tietjen in 2001: "Instead of using media mechanisms affirmatively or repeating them with a critical twist, Hahnenkamp reinforces their effect so that we see pictures – pictures of how photography makes pictures."[13] In 1999, Hofleitner extended her first comparison and termed photography "a representative of the gaze of the other," and the camera a "technical metaphor for seeing."[14] In this, she was chiefly referring to Hahnenkamp's use of pictorial materials, newspaper cuttings and collaboration with other photographers, who took pictures following her instructions. Thus, although Hahnenkamp has never been definitively classified as a photographer, her work has been seen quite explicitly in the context of photography, such that the congruence between artistic method and photographic procedure has always served as a principal argument. Conversely, Carl Aigner sees the artistic self-

---

11   Silvia Eiblmayr, op. cit., p. 16.

12   Johanna Hofleitner, *Der Blick des Begehrens*, in: *Maria Hahnenkamp*, catalogue, Vienna, 1993, p. 11.

13   Friedrich Tietjen, op. cit., p. 88.

14   Johanna Hofleitner, *Die Schnittstelle Kunst – Photographie. Historische Voraussetzungen und Herausbildung einer zeitgenössischen Photoszene*, in: Carl Aigner and Daniela Hölzl (eds), *Kunst und ihre Diskurse. Österreichische Kunst in den 80er und 90er Jahren*, Vienna, 1999, p. 156.

image as independent of photographic considerations – "the photographic appropriations come after the agenda has been set, the issues being oriented primarily on the themes of her works and current art discourse."[15] In 1995, he identified a fundamental tendency that would prove representative of art development in the 1990s. Martin Prinzhorn coined the term "media transgression"[16] for this tendency, which he saw as an attempt to dissolve the social, historical, and formal ties associated with a particular medium by initiating the dissolution of borders. There are two basic strategies involved: "on the one hand, the formal aspects of one domain could be carried across into another; or else content aspects that stood in a binding relationship with a formal domain could be transferred into a different formally defined domain."[17] Focusing on methods of Austrian art in the 1990s, Tietjen[18] took up this idea of transgression, seeing in it "mainly an attack on traditional models of representation."[19] Muntean/Rosenblum, Elke Krystufek, Gregor Zivic, and Maria Hahnenkamp have pioneeringly and effectively impaired these models of representativity. Hahnenkamp's sanding down photos with "models at the hairdresser, beauty parlor, and other institutions of female beauty"[20] is, he says, equivalent to obliterating a history of the representation of women.

Three years earlier, Christian Kravagna came up with a similar statement on the occasion of an exhibition of the artist at the Galerie Fotohof in Salzburg[21] referring to the same group of sanded and sewed works. He described the sanding and sewing as a "radicalized methodological procedure for treating pictures of women."[22] In this, Hahnenkamp was "countering the force of definition of women's pictures by using two models. The model of the deconstruction of patterns of representation and the model of convergence on the (assertion of) the inability to depict femaleness."[23]

Aigner and Hofleitner believe that Hahnenkamp follows this strategy consciously *as a woman*. According to Aigner, "the autobiographical treatment of women's strate-

15   Carl Aigner, *The Hidden and Salvaged Sex*, in: *The European Face*, catalogue of the Talbot Rice Gallery,

Edinburgh, 1995, p. 6.

16   Martin Prinzhorn, *Die Neunziger*, in: *Die Neunziger/The Nineties*, catalogue of the Secession, Vienna, 1994, p. 11.

17   Martin Prinzhorn, op. cit., p. 16.

18   Friedrich Tietjen, *Über den Tellerrand – Zur Kunst im Österreich der neunziger Jahre*, in: *Aspekte/Positionen. 50 Jahre

Kunst aus Mitteleuropa 1949 bis 1999*, catalogue of the Museum Moderner Kunst Stiftung Ludwig Wien, Vienna,

1999, pp. 189 – 193.

19   Friedrich Tietjen, op. cit., p. 193.

20   Friedrich Tietjen, op. cit., p. 192.

21   Date of exhibition: 20 June to 20 July 1996.

22   Christian Kravagna, *Die Frau, die Wahrheit und der fotografische Körper*, in: *Maria Hahnenkamp*,

catalogue, Vienna, 1996, p. 82.

23   Christian Kravagna, op. cit., p. 89.

gies for social representation lies at the heart of her discourse."[24] Hofleitner thinks that, as a woman, she particularly appropriates the "most intensively occupied elements of reality as evidence of power."[25] Ami Barak pulls together the threads of this network of femaleness, biography and elements of recollection still more tightly and calls the space that the artist preserves for herself a "girl's room."[26]

Iconologically, Hahnenkamp's work to date culminates in the female body and images of this body. Eiblmayr's writings in particular are concerned with the importance of differentiation. To her, Hahnenkamp's works are "scenarios about the body and its image, about its appearance and disappearance in the dialectic of exhibition and concealment, seduction and denial, aggression and shame, psychic affect and aesthetic effect."[27] Hahnenkamp puts on stage in differentiated ways, she says, a "phantasmal picture of fetishized woman voyeuristically available, excessively erotic, hysterical, destructive, and (as the opposite) the woman mystified in her ideal purity."[28]

Following Hofleitner's metaphor of the "gaze of the other" mentioned earlier in reference to Hahnenkamp's photographic self-image, the artist's gaze has so far landed on the bodies of other women. Her own body is rarely visible. Most often, she has documented herself at work – drilling, sewing, and sanding – though she herself is, of course, not recognizable. For her viewers, all women – and thus Hahnenkamp herself –, the bodies and the images remain anonymous. They are anonymous by virtue of the pictorial material or the section of picture selected. The concept of the body as a medium or material is detached from the directly effective presence of the artist.

In her art, Hahnenkamp opts to distance herself, and attempts to include this indirectness as a rational focus in all phases of selection, production, and planned reception. She showed this particularly clearly in her early photo albums, which could only be looked at while wearing white gloves. Peter Zawrel described this as a "distancing element,"[29] whereby the gloves protect both the object and the person touching it.

Through this, the artist succeeded in including distance as a distinct, model category in the work process right from the start. As a basic phenomenon, it corresponds to the effect of white in the whole œuvre, the function of ornament, the treatment of iconography, and the use of the body.

24   Carl Aigner, op. cit., p. 6.

25   Johanna Hofleitner, catalogue, 1993, p. 9.

26   Ami Barak, *Schneewittchen for ever,* in: *Maria Hahnenkamp,* catalogue, Vienna, 1993, p. 35.

27   Silvia Eiblmayr, *Die weiße Frau und die weiße Zelle. Zu den Arbeiten von Maria Hahnenkamp,* in: *Camera Austria International,* no. 61, Graz, 1998, p. 3.

28   Silvia Eiblmayr, op. cit., p. 4.

29   Peter Zawrel's opening speech of the Hahnenkamp exhibition in the Galerie Stadtpark in Krems on 21 April 1996, unpublished text from the artist's archives.

These factors are the parameters of Hahnenkamp's artistic œuvre. As a totality, they are shot through with a high degree of illusionism and reality, verism and symbolic content. The artist's most recent works also follow the same principle. They are photographs of a female body resting partly against a pane of glass (no longer visible in the photo). The effect is a subtle manipulation of the body at these points, providing an almost indiscernible theatrical touch. They are pictures in which, as Eiblmayr puts it, Hahnenkamp "consciously stages an instrumental status within the representational system by referring to its manner of functioning."[30]

The perception of Hahnenkamp and various attempts to categorize her work since 1990 largely correspond to the basic structures set out in the first part of the text, based on studies directly relating to the artist.

A self-taught artist, Hahnenkamp first exhibited in 1991. As the titles of her sundry projects since then proclaim, the general awareness of her work is that of a woman operating in the context of photography and with special reference to the body: "Körpernah," "Fisch & Fleisch, Photographie aus Österreich 1945 – 1995," "Making Pictures: Women and Photography 1975 – Now," "Diskurs Feminin: Leiblicher Logos," "La casa, il corpo, il cuore. Konstruktion der Identitäten," "Der anagrammatische Körper," etc.

However, several writers have sought to make structural comparisons with other artists' work. A notable example is Margit Zuckriegl's study written in 1996[31] which endeavors to analyze Hahnenkamp jointly with Eva Schlegel and Ilse Haider as specific examples of the importance of surface in photography. Zuckriegl sees all three artists as "genuinely photographically based artists" who are characterized by an "iconographical idiom with a strong visual and content impact."[32] In each artist, the external manifestation of the works derives from the interaction of haptic presence and sculptural quality. This observation in the case of Hahnenkamp is based on three groups of works – the "Bettzudeck-Album" of 1988 – 1991, sewed together color photos of red sofas, and the series of sanded down photographic works. The latter prompted Monika Faber[33] to undertake a contextualization of Hahnenkamp, published in the same year. In her opinion, the empty, white surface is the product of

---

30 Silvia Eiblmayr, *Die verletzte Diva. Hysterie, Körper, Technik in der Kunst des 20. Jahrhunderts,*
    Cologne, 2000, p. 19.

31 Margit Zuckriegl, *Innenwelt / Außenwelt. Die Idee der Oberfläche bei Eva Schlegel, Ilse Haider und*
    Maria Hahnenkamp, in: *noëma art journal,* no. 42, Salzburg, 1996, pp. 62 – 65.

32 Margit Zuckriegl, op. cit., p. 64.

33 Monika Faber, op. cit., p. 23.

34 Silvia Eiblmayr, *Camera Austria International,* 1998, p. 3f.

negation, a pictorial refusal, iconoclasm that, in the tradition of Robert Motherwell's erased drawings or Arnulf Rainer's overpaintings, blows the cover of pictures as a confining convention and exposes them to an act of aggression.

Following this, Eiblmayr[34] cites two specific examples of Toyen and Helena Almeida as "acting referents" for Hahnenkamp's works. Both works[35] take up the relationship between a female body and the pictorial plane. In Toyen's work, *Relâche*, a woman appears to recede ever more strongly into the pictorial ground. In Almeida's *Pintura Habitada* series a woman develops into an increasingly pronounced presence, only to be reabsorbed by the surface after she has optically broken through it. Eiblmayr perceives parallels between Hahnenkamp and these two examples from the 1940s and 1970s in the central importance of the connection of body and picture or representation structure.

Along with these examples of parallels to Hahnenkamp is Christa Steinle's citing of Cindy Sherman and Barbara Kruger as opposing positions. Steinle maintains that the difference lies in the "allegorical approach" of the two artists. Sherman places the female body in the context of its social roles as a biological form, while Hahnenkamp targets the body "beyond the natural body." The disembodied, fragmentary section of body refers to the body as a sign, as a construct of mastery significance and thereby takes the body from the real sphere and realism into the realm of the symbolic and imaginary.[36] Steinle sees this as a prime example of the contrast between the feminist art of the 1980s and 1990s. "Maria Hahnenkamp works metonymically in the style of the 1990s, i.e., in the discourse of linguistic marginalization. Using the linguistic operation of marginalization, she examines the reasons for the social and cultural marginalization of women."[37]

Hahnenkamp is seen in Steinle's article in a characteristic position of the 1990s, as in Tietjen's previously mentioned essay on representation. Hofleitner, in her 1999 study of contemporary Austrian photography, in turn accords her a corresponding phenotypal role. In this, Hahnenkamp is treated alongside Franz Graf, Walter Obholzer, Eva Schlegel, Hans Kuppelwieser, Herwig Kempinger, Valie EXPORT, Thomas Freiler, Horáková & Maurer, and Günther Selichar. According to Hofleitner, a typical feature of this latest development phase is the fundamental importance of photography as a result of the analytical and reflective capabilities it possesses both technically and in

---

35   Toyen, *Relâche* (No Performance Today), 1943, oil on canvas, 110 x 53 cm, Alsová Gallery, Czech Republic.

       Helena Almeida, *Pintura Habitada* (Inhabited Painting), 1976, 160 x 120 cm.

36   Christa Steinle, *Das Geschlecht der Kunst. Kunsthistorische und psychoanalytische Anmerkungen zur Falte als diskursives Element der Fotografie, des Raumes und des Körpers im Werk von Maria Hahnenkamp*, folder of the Neue Galerie, Landesmuseum Joanneum, Graz, 1996.

37   Christa Steinle, op. cit.

cross-media terms. This is, moreover, reinforced by its having gone beyond the avant-garde's preoccupation with classic forms of expression and taken art discourse into new areas.[38] Hahnenkamp thus uses photography to explore the social aspects of the taboo gaze and its patriarchal-cultural re-formation. By adopting the non-photographic processing of sanding, she applies a second layer of coding.[39]

That the sanded-down photos could also be seen as just a "kind of painting"[40] was remarkable to the extent that, in the context of *Auf den Leib geschrieben* – and specifically in describing the work of Sue Williams – Brigitte Huck and Monika Faber mention the communication of feminist interests via the medium of painting as an effective innovation vis-à-vis photography and performance.[41]

In terms of the relationship of photography and feminist subject matter, Huck and Faber note three developmental steps in Austrian art since 1970. With regard to the works of Valie EXPORT in the 1970s, they assert that photography was the richest seam for expressing and documenting feminist actionism.[42] Subsequently, Birgit Jürgenssen, in the sense of expanded photography, changed her own body topography time and again through pictorial and linguistic collages.[43] Later generations of female artists consciously used linguistic systems to counter this rejection of the male-developed verbal language by process-oriented bodywork.[44]

Though in the Steinle scheme Hahnenkamp belongs to this latter phase, her work nonetheless shows clear references to the preceding phases, although reducing its radicalness by the subtlety of the artistic means used. Linking focused body sections with nuanced gradations of white follows an overall aesthetic concept that in its effect is most closely comparable to the "quality of slowness"[45] in the video works of Friederike Pezold. Both act against the element of spectacle, and in their non-dramatic treatment of the body counter the excessive seductiveness of voyeuristic or fetishized objects. The predominant white of Hahnenkamp's work thus also becomes

38   Johanna Hofleitner, *Die Schnittstelle Kunst – Photographie*, p. 158.

39   Johanna Hofleitner, op. cit., p. 154f.

40   Christian Kravagna, op. cit., p. 81. Kravagna was reacting to critics' misunderstanding of Hahnenkamp's sanded down work during the *Zeitschnitt 92 – Aktuelle Kunst aus Österreich* exhibition in the Viennese Museumsquartier in 1992.

41   Brigitte Huck and Monika Faber, *Von der Geburt des Körpers aus dem Geist der Sprache*, in: *Auf den Leib geschrieben*, catalogue of the exhibition at the Kunsthalle Wien im Museumsquartier, Vienna, 1995, p. 35.

42   Brigitte Huck and Monika Faber, op. cit., p. 32.

43   Brigitte Huck and Monika Faber, op. cit., p. 32.

44   Brigitte Huck and Monika Faber, op. cit., p. 32 – 33.

45   Stella Rollig, *Künstlerinnen. Zeitgenössische Positionen*, in: Ingried Brugger, *Jahrhundert der Frauen. Vom Impressionismus zur Gegenwart. Österreich 1870 bis heute*, exhibition catalogue of the Kunstforum

a factor in decelerating the latent aggression of the mass media's treatment of images of women.

White also functions in a way comparable to the abstraction of Pezold's that preserves the female body from being reduced to a manipulated object, despite the fragmentation and denial of individual subject status.[46]

The compositional means used by both artists takes us to a further possible comparison of Hahnenkamp's works, namely with the "bath" Polaroids of Birgit Jürgenssen from 1980. In these, sundry parts of Jürgenssen's body emerge from variously colored water, such that these body sections – as in Pezold – are contrasted against a monochrome background, as increasingly autonomous-looking pictorial objects. In these, Jürgenssen switches consciously between all degrees of conceptual readability and recognition of the female body. Apart from the more recent sectional approach of her body pictures, Hahnenkamp presents her content information in a similarly structured fashion, the content being revealed through the frame selected, the presence or absence of the body, the setting and manipulation involved and the pictorial and design resources selected, such as color and contrast. Additionally, there is Hahnenkamp's serial work and her use of different materials, the content of which is bound into the total design. Her use of private and public pictures, examples of art history, and especially ornament corresponds in these to Jürgenssen's specific search for particular objects, which in their symbolic content are linked in each case with body sections. Referring to the Polaroid works, Eiblmayr talks of an "art of pictures" that began to take over from the performative body art around 1980. The series, she says, can be seen as a commentary not only on the history of body art but also, in dialectic retrospect, on the history of modernist painting.[47]

The same two interpretations apply to the works of Hahnenkamp, into which she additionally incorporates the history of feminist strategies of the 1970s and 1980s. Hahnenkamp's constant collocation of collective memory and personal experience thus operates quite consciously with the historical dimension of an artistic representational critique. In addition to the increasing precision of her pictorial aesthetic, this system of reference has proven characteristic of her work.

When organizing the Styrian exhibition *hers* planned for autumn 2000, Stella Rollig stressed that the theme of the project was not "women's art, but the artistic confrontation with women, and, in particular, their representation in the media."[48] Hahnen-

Wien, Vienna, 1999, p. 269. Here Rollig was referring to video sculptures from the *Elektronische Göttinnen* series.

46 Stella Rollig, op. cit., p. 269.

47 Silvia Eiblmayr, *Der Gedanke auf dem Bad in einem spiegellosen Raum. Die Bade-Polaroids von Birgit Jürgenssen,* in: *Birgit Jürgenssen. Früher oder später,* catalogue, Oberösterreichisches Landesmuseum, Linz, 1998, p. 33.

kamp adopts this but includes the "reflection" of artistic involvement with women and the "history" of their representation in the media in the overall concept.

In the same context, Rollig raised the question of changes over the last thirty years in reference to her proposed theme. In the 1970s, so the idea ran, the trend was more palpable: it was directed against men having control over the image of women. Rollig thought that possibly the assumption of a clear antagonism between male and female had now been abandoned.[49] This assumption cannot be applied to Hahnenkamp, simply because of her systematic resort to the female body. Where Hahnenkamp is nonetheless decidedly different from the 1970s is that she has developed a much broader spectrum of strategies for a trend that remains unchanged.

The relevant characteristics are most easily defined by comparing texts from Valie EXPORT and Elfriede Jelinek. In the 1972 manifesto for the planned MAGNA exhibition, EXPORT described the image of women as determined by men. "Art," she said, "is also largely created by men. To change the imposed art, the facets of women built by man must be destroyed. By hewing new meanings from art, art could become important for the women's movement. The transfer of women's specific situations into an artistic context would set up signs and signals that would be both new artistic forms of expression and messages and in their backwash change the situation of women."[50]

In contrast to this mood of revolutionary change demanding the destruction of the male-determined image of women and the creation of a new art, Brigitte Huck and Monika Faber, referring to an essay written by Elfriede Jelinek[51] for the *Auf den Leib geschrieben* exhibition, describe a strategy that turns the language of men against themselves, since, notably "women are as it were accompanied by their bodies. Women cannot therefore act without being conscious of their sex, nor ever acquire 'neutrality' in language and deed such as men demand for themselves."[52] According to Jelinek, women must "adopt a male position if they want to produce literature."[53]

In her work to date, Hahnenkamp has merged both demands effectively. She has taken up the results of the male representation of women in the sense of Jelinek, and also, in agreement with EXPORT, destroyed the male-determined image of women by sanding down photographs.

48   Stella Rollig, *Video als Zumutung*, in: *hers. Video als weibliches Terrain*, exhibition catalogue, Landesmuseum

      Joanneum, Steirischer Herbst 2000, Vienna, 2000, p. 18.

49   Stella Rollig, op. cit., p. 18

50   Valie EXPORT, *WOMAN'S ART*, in: *Neues Forum*, XX, 228, January 1973, p. 47.

51   Elfriede Jelinek, *Die Frau und K.*, in: *Auf den Leib geschrieben*, catalogue of the exhibition at the Kunsthalle Wien im

      Museumsquartier, Vienna, 1995, p. 65f.

52   Brigitte Huck and Monika Faber, op. cit., p. 30f.

Jelinek's argument reiterates from a literary point of view a theory formulated by Jacqueline Rose in 1984 in her study of the visualness of pictures as a matter of sexual difference and destabilizing of norms.[54] In this, Rose talks of the method of appropriating artistic and photographic pictures in order to undermine their previous status. Admittedly, she also questions the specific responsibility of pictures in perpetrating norms. Reacting to Freud's psychoanalytical theory, Rose claims that sexuality lies less in the content of what is seen than in the subjectivity of the viewer. This relationship between the viewer and the viewed, she asserts, is always one of fractures; partial identification, desire, and mistrust.

Relative to Hahnenkamp, this claim by Rose adds the role of the recipient to the previous relationship between an artist and her pictures; a role which the artist herself also permanently slips into in selecting her pictures from a wide variety of women. To this extent, Hahnenkamp's works constitute in every aspect a system of mutual allocation of sexual identity. This system is part of Hahnenkamp's subject matter. She adopts it and participates in it. Her work is accordingly not a moral corrective but a visual communication of the conflict between the visible and the depicted female identity.

A closing digression takes us back once again to Hahnenkamp's use of ornament, and links this to the female body. In 1927, the German writer Siegfried Kracauer wrote an essay called *Das Ornament der Masse*[55] analyzing the cult of the body triggered off by the *Tiller Girls* in America. The title refers to the sequences of the precise choreography through which individual girls become an "indissoluble complex of girls." Kracauer saw a loss of individuality and gender in these masses. The ornamental movement of the women no longer meant eroticism but at best identified the location of the erotic.

This investigation of the "surface" of life was intended to provide information about the underlying conditions of reality and at the same time refer to the overall present-day situation.[56] Kracauer recognized manifold parallels to capitalist production processes and their consequences in the mass ornament of the *Tiller Girls*: organized masses come forth from offices and factories, thus the formal principle

53   Christa Gürtler (ed.), *Gegen den schönen Schein. Texte zu Elfriede Jelinek*, Frankfurt/M., 1990, p. 8.

54   Jacqueline Rose, *Sexuality in the Field of Vision*, in: *Difference: On Representation and Sexuality*, exhibition catalogue, Museum of Modern Art, New York, 1984, pp. 31 – 33.

55   Siegfried Kracauer, *Das Ornament der Masse*, in: *Frankfurter Zeitung*, 9/10 June 1927, quoted from: Inka Mülder-Bach (ed.), *Siegfried Kracauer. Schriften, Aufsätze 1927 – 1931*, vol. 5.2, Frankfurt/M., 1990, pp. 57 – 67.

56   Charles Harrison and Paul Wood, *Kunsttheorie im 20. Jahrhundert. Künstlerschriften, Kunstkritik, Kunstphilosophie, Manifeste, Statements, Interviews*, Ostfildern-Ruit, 1998, p. 572.

according to which the *Tiller Girls* are modeled is also determining people in their everyday reality. It is this same forming of women from larger social connections that interests Maria Hahnenkamp; in its historical dimension as well.

Many of Hahnenkamp's pictures are copies, which, in the context of the artistic œuvre, recover their reality-content withdrawn from visibility.

Photoarbeiten und Installationen
B E R T H O L D   S C H M I T T

Nicht immer in der Geschichte des Ausstellungswesens hat die weiße Wand als Hintergrund für die Präsentation von Werken der bildenden Kunst in Museen und Galerien gedient. Im 19. und noch im 20. Jahrhundert waren Ausstellungsräume oft mit farbigen Tapeten ausgestattet, auf denen die Werke dicht und in mehreren Reihen übereinander gehängt waren. In Deutschland ist die weiße Wand wohl erstmals bei der Internationalen Kunstausstellung des Sonderbundes 1912 in Köln integraler Bestandteil des Präsentationskonzeptes gewesen. Mit wenigen Ausnahmen, die in den letzten Jahren wieder farbig gefasste Wände gebracht haben, dominiert seither der weiße Ausstellungsraum, dessen Struktur und Wirkung Brian O'Doherty in seinem Aufsatz „Inside the White Cube"[1] untersucht hat. Parallel zu dieser Entwicklung wandelt sich auch das Verhältnis zwischen Kunstwerk und Wand bzw. Ausstellungsraum, der zum „Kultraum der Ästhetik" (O'Doherty) wird: „Das Bild eines weißen, idealen Raumes entsteht, das mehr als jedes einzelne Gemälde als *das* archetypische Bild der Kunst des 20. Jahrhunderts gelten darf." In dem dergestalt purifizierten Raum, der „schattenlos, weiß, clean und künstlich – ganz der Technologie des Ästhetischen gewidmet" ist, hat die Kunst „die Freiheit, wie man so sagt, ‚ihr eigenes Leben zu leben'".[2] Dabei führen die Werke untereinander, aber auch mit den spezifischen Gegebenheiten der Wände und des Raums, einen vielschichtigen Dialog.

Weiß ist wesenhaftes Element im künstlerischen Werk der in Wien lebenden und arbeitenden Maria Hahnenkamp. Sowohl die von ihr verwendeten Materialien wie Faden, Textil, Papier, Passepartout und Bildrahmen als auch die Wand in ihrer Funktion als Träger der beweglichen Objekte bzw. als Bestandteil der festen Installationen erscheinen in reinem Weiß. Dadurch gehen die Kunstwerke und der Ort ihrer Präsentation eine Verschränkung ein, die sich jedoch nicht in der Einheitlichkeit der Farbfas-

---

1   Brian O'Doherty, *Die weiße Zelle und ihre Vorgänger*, in: Wolfgang Kemp, *Der Betrachter ist im Bild. Kunstwissenschaft und Rezeptionsästhetik*, Köln, 1985, S. 279 – 293; in engl. Sprache erstmals in: *Artforum*, 1976.

2   O'Doherty, 1985, S. 281f.

sung der einzelnen Bestandteile erschöpft, sondern auch die *räumlichen* Strukturen und Qualitäten der Exponate sowie des sie umgebenden Raumes in besonderer Weise prägt. Als Schlüssel zum Verständnis der Strategie, die diesen Arbeiten zugrunde liegt und die Bernd Schulz als „visuelle Präsenz und gleichzeitigen Bildentzug"[3] bezeichnet, scheint die Auffassung der Raumgestalt aufschlussreich. Dies soll am Beispiel der Bohrbilder *Ornamente* (2001), der Photoserie *Räume/Wände* (2001), der Photoserie *Eine Frau* (2001) sowie der Werkgruppe *Sticken* (1994 – 2001) aufgezeigt werden.

Für die Ausstellung *Fotoarbeiten/Installationen* in der Stadtgalerie Saarbrücken hat Maria Hahnenkamp einen Raum mit drei *Ornamenten* ausgestattet. Unter Verwendung vorbereiteter Schablonen und einer Bohrmaschine wurden dabei stilisierte Zeichnungen pflanzlicher Formen nach genau festgelegten Abständen Loch für Loch in die Wand übertragen.[4] Die Vorlagen entstammen Musterbüchern des 19. Jahrhunderts und zeigen reich bewegte, oft kompliziert ineinander verwobene Kletter- und Schlinggewächse mit geschmeidig gebogenen Ranken und Blättern, die an einigen Stellen luftig-leicht in der Fläche schwingen können, sich anderorts dagegen wie ein dichter Teppich wuchernd ausbreiten. Während an einzelnen Abschnitten eine gerade geführte Linie als Rahmenleiste erscheint und so den Charakter einer geschlossenen Bildkomposition hervorruft, greift das Rankenwerk an anderen Stellen frei aus und läuft sich in einer Raumecke tot oder bricht an der Laibung eines Fensters ab.

Auf den ersten Blick sind die zarten Gewebe nicht oder nur andeutungsweise zu erkennen, da das Weiß der Wände die mit feinem Bohrer (1,5 mm Durchmesser) gesetzte Zeichnung überstrahlt. Doch bei näherem Zusehen entfalten die Ornamente auf und in dem weißen Grund der Wände ihre widersprüchliche Wirkung von Präsenz und gleichzeitigem Entzug: Das Wegnehmen (Ausbohren) von Material (Verputz) bringt bild- oder reliefhafte Strukturen hervor, die nur durch das von ihnen selbst erzeugte Schattendunkel sichtbar werden, wohingegen die Helligkeit des Tages- oder Beleuchtungslichtes sie gleichsam zum Erlöschen bringt. Durch die doppelte Funktion der Wand als Träger sowie als Teil des ‚Bildes' wird die Wand einerseits in ihrer Beschaffenheit als Fläche und Masse betont und anderseits erhält sie durch die Bohrungen die Anmutung einer dünnen Folie, die von einer Dunkelschicht von unergründlicher Tiefe hinterlegt ist. Die Perforierung der Wand bricht die Geschlossenheit des Ausstellungsraumes auf und verweist auf ein ‚Dahinter', welches seinerseits das Ornament durch das Dunkel in Erscheinung treten lässt, aber zugleich auch seinen Bild- und Flächencharakter auflöst und so das Werk in ein ambivalentes Verhältnis

3   Bernd Schulz, Rede zur Eröffnung der Ausstellung *Maria Hahnenkamp. Fotoarbeiten/Installationen* in der Stadtgalerie
     Saarbrücken am 13. Juni 2001.

4   Maße: a) 109 x 150 cm, b) 109 x 130 cm sowie c) 109 x 132,5 bzw. 109 x 160 cm (2-tlg.).

von „Erscheinen und Verschwinden" setzt, das Silvia Eiblmayr als einen Grundzug der künstlerischen Arbeit von Maria Hahnenkamp bezeichnet.[5] Das seinem Wesen nach schmückend auf die Oberfläche bezogene Ornament wird eins mit eben dieser Fläche, die es durchdringt und in die Tiefe erweitert. Dabei entsteht eine zwischen tastbarer Nähe und unbestimmter Ferne wechselnde Verunklärung der räumlichen Situation, die nicht auf das Ornament beschränkt bleibt, sondern die bildtragende Wand und den Ausstellungsraum selbst erfasst.

Die in den Bohrbildern zu beobachtende Strategie von „visueller Präsenz und gleichzeitigem Bildentzug" liegt – übertragen in ein anderes Medium – auch der *Klangraum-Spiegelung* (2001) zugrunde, die Andres Bosshard in demselben Raum installiert hat. Auf Wunsch von Maria Hahnenkamp wurde der Schweizer Musiker und Multimediakünstler eingeladen, zwei verschiedene, räumlich getrennte Inszenierungen von Hahnenkamp akustisch zu verbinden. In der Installation *Diaprojektion Nr. 1* (2001; siehe dazu den Beitrag von Friedrich Tietjen) werden das mechanische Klicken der Diaprojektoren und die Geräusche der umhergehenden Besucher mit Mikrofonen gesammelt, elektronisch bearbeitet, variiert und über Lautsprecher live in den Raum der *Ornamente* übertragen. Einzelne Geräusche und längere Klangfolgen lösen einander ab, überlagern einander, werden bald schneller und lauter, bald langsamer und leiser; gleichmäßiges Ticken wird unterbrochen von jähem Knall, auf den Ruhe folgt. Eine Vielfalt von Klangwogen, -ringen und -blitzen verdichtet sich zu einer akustischen Choreografie, die den begehbaren Raum als Hörraum fasst, ihn weitet und verengt, beschleunigt und beruhigt. Bosshard installiert ein räumlich und zeitlich komplexes musikalisches System, das, analog zu den *Ornamenten*, die Struktur des Ausstellungsraumes reflektiert und – indem es ihn seiner Statik und Abgeschlossenheit enthebt – als architektonisches Gehäuse ausblendet, aus der Wahrnehmung verschwinden lässt.

Hinsichtlich des Aspektes der Raumgestalt ist das Medium der Photographie, dessen Abbildungsgehalt häufig als ‚realistisch' und ‚natürlich' eingeschätzt wird, besonders aussagekräftig. In Saarbrücken ist Maria Hahnenkamp mit fünf großformatigen Photoarbeiten *O.T. (aus der Serie „Räume/Wände")* vertreten.[6] Sie zeigen Ansichten und Ausschnitte von Innenräumen, die sich bei geringer Tiefe breit ausdehnen und in streng bildflächenparalleler Anordnung dicht an die weißen Bilderrahmen heran geschoben sind. Was charakterisiert einen Raum? Ist es das Verhältnis zwischen seinen Begrenzungen und Öffnungen oder sind es vielmehr seine Ausstattung und Funktion? Was sagen Wände, Böden und Decken über seine Beschaffenheit aus, was Türen und Fenster? Die Hinweise auf die Nutzung der Räume sind spärlich: Couch, Tisch und Tep-

5   Silvia Eiblmayr, *Die weiße Frau und die weiße Zelle. Zu den Arbeiten von Maria Hahnenkamp*, in:

     Camera Austria International, Nr. 61, Graz, 1998, S. 3 – 14, Zitat S. 3.

6   Maße: je 139 x 184 cm (mit Rahmen).

pich signalisieren Wohnen, Bett und Lampe sind Kürzel für Schlafen, Farbflecken lassen auf das Atelier eines Malers schließen, in die Decke versenkte Leuchten und ein Feuchtigkeitsmesser in einer weiß getünchten, fensterlosen ‚Zelle' sind Zubehör für einen Ort der intimen Begegnung mit Kunst. Mobiliar, technische Ausstattung und Zustand erinnern an Theaterbühnen. Die von den Requisiten bezeichneten Räume und Aufgaben erscheinen austauschbar, nicht an eine bestimmte architektonische Gestaltung oder Funktion gebunden. Hinsichtlich ihrer Raumauffassung sind die bühnenhaft inszenierten Gehäuse von eigenartiger Ambivalenz: Während die vertrauten, ‚realistisch' festgehaltenen Dinge wie Tisch, Bett und Heizung körperhafte Volumen darstellen und tiefenräumliche Erstreckung suggerieren, entfalten sich die Raumhüllen (Böden, Wände, Decken) in flächenhafter Verschränkung und entziehen dem im Photo Gezeigten die Qualität des Dreidimensionalen. Deutlich wird dies auch an den zentral gelegenen und bildprägenden Leerstellen der Rückwände, von denen aus die Kompositionen nicht nur durchwirkt, sondern auf die die Bildräume gleichsam von den Rändern her ausgerichtet sind. Diese Mehrdeutigkeit der Raumgestalt findet ihre Entsprechung in der nicht exakt fassbaren innerbildlichen Zeitstruktur: Wie ist die Leere in den Räumen und an den Wänden zu verstehen? Zieht hier gerade jemand aus oder vielleicht ein? Warten die freien Stell- und Hängeflächen darauf, besetzt zu werden, oder sind die Werke bereits abgehängt und abtransportiert worden? Haben die Bewohner, Künstler und Galeriebesucher die ‚Bühne' wie nach einem Theaterstück verlassen, oder steht das Schauspiel erst bevor? Ein Schwebezustand, in dem es keine Zeit gibt, oder in dem die Zeit still zu stehen scheint, eine labile Balance, die schon im nächsten Moment aufgehoben werden kann. Ähnlich wie der von der Zeit unberührte und idealerweise vom Besucher nur mit Geist und Auge zu begehende ästhetische Kultraum der Galerie[7] sind auch die Räume in den Photographien von Maria Hahnenkamp nur virtuell betretbar. In ihnen ist das Schaffen von Leerstellen, das Freimachen, das „Räumen", nicht als „Freigabe von Orten" (Martin Heidegger) zu sehen, die ein Verweilen gewähren.[8] Durch das Fehlen der Kunstwerke verlieren die Stätten der Produktion, der Präsentation und der Betrachtung von Kunst nicht nur ihre Unverwechselbarkeit, sondern auch etwas von ihrer Heiligkeit, ihrer Gemessenheit und ihrem Geheimnis.[9]

Auch dem menschlichen, insbesondere dem weiblichen Körper gewähren die Photographien von Maria Hahnenkamp keinen ‚Ort zum Verweilen'. Die den Arbeiten *Räume/Wände* gegenüberhängenden Photos der Serie *Eine Frau*[10] sind nahezu monochrome Aufnahmen eines intensiv roten, schmiegsamen Stoffes, der stellenweise ge-

---

7   Vgl. O'Doherty, 1985, S. 282.

8   Vgl. Martin Heidegger, *Die Kunst und der Raum. L'art et l'espace*, 2. Aufl., St. Gallen, 1982, S. 9ff.

9   Vgl. O'Doherty, 1985, S. 281.

10 Maße: 4 Bilder je 93 x 73 cm (mit Rahmen).

quetscht und in Falten gestaut ist. Erst auf den zweiten Blick ist zu erkennen, dass es sich nicht nur um eine textile Oberfläche handelt, sondern vielmehr um den bekleideten Körper einer Frau, die mit dem Rumpf gegen eine Glasscheibe gelehnt ist. Dabei entstehen Druckstellen, die durch ihre Flachheit indirekt auf den dahinter stehenden weiblichen Körper verweisen und so die mediale Zurichtung der Frau als Tableau bzw. als Fetisch eines gesellschaftlichen Repräsentationsmodells von Schönheit entlarven. Es sind Bilder vom Körper, die ausschließlich visuell mit dem Realraum des Betrachters verschränkt sind, in denen der Körper jedoch keinen Raum findet und auch keinen Ort hat.

Seit 1994 sind bestickte Photographien fester Bestandteil in der Arbeit von Hahnenkamp. Aus der Werkgruppe *Sticken* (1994 – 2001) ist eine Auswahl von elf Bildern in Saarbrücken zu sehen.[11] In technisch perfekter und aufwändiger Handarbeit sind Photographien und Passepartouts mit filigranen Strukturen überzogen, deren Vorlagen wie bei den Bohrbildern *Ornamente* alten Musterbüchern entnommen sind. Erst bei genauem Zusehen sind die Photographien hinter den bald weit, bald dicht gesetzten hochästhetischen Stichel- und Stickverzierungen zu erkennen. Wie aus weiter Ferne tauchen schemenhaft Frauenkörper auf, die von weich drapierten Tüchern umgeben und stellenweise unter sanft fließenden Gewändern verborgen sind. Die Körper erscheinen geschützt und zugleich gefangen in dem mit reichem Rankenornament geschmückten Gehäuse aus Photo, Passepartout und Rahmen. Angezogen von dem verführerisch schönen Schleier dringt das Auge des Betrachters in das Labyrinth der Loch- und Strichellinien ein, folgt dem vielgestaltigen Spiel seiner Verläufe und Richtungswechsel und erfreut sich an den eleganten Schwüngen, Bögen und Spitzen. Wirklich durchdringen kann der Blick das kompliziert in sich verschlungene und verwunschene Geflecht jedoch nicht. Assoziationen an Märchenhaftes, etwa „Dornröschen", stellen sich ein. So wie dort der Versuch der Annäherung an die geliebte und begehrte Prinzessin mit der Gefahr des Scheiterns, der Verletzung oder gar des Todes einhergeht, bleibt hier das voyeuristische Auge des Betrachters letztlich an der verzierten Oberfläche hängen. Das ‚vordergründige' Ornament verstellt den Blick auf das dahinter Liegende und betont so durch die Gestaltung des Bildes den tatsächlichen Entzug desselben. Wie in den zuvor besprochenen *Ornamenten* ist die Farbe Weiß auch in den Stickbildern von doppelwertiger Bedeutung. Während das Weiß einerseits auf mystifizierende Weise die Reinheit und Keuschheit der Frau beschwört, trägt es zum anderen zur Entkörperlichung der Darstellung und somit zur Idealisierung und Entrückung des Weiblichen bei. Eine spannungsvolle Ambivalenz der Farbe Weiß, deren Qualität Wassily Kandinsky so beschreibt: Weiß ist „wie ein Symbol einer Welt, wo alle Farben als materielle Eigenschaften und Substanzen verschwun-

---

11   Maße: 10 Bilder je 41 x 53 cm, 1 Bild 41 x 138 cm (mit Rahmen).

den sind. (…) Es ist ein Schweigen, welches nicht tot ist, sondern voll Möglichkeiten."[12]

Räume sichtbar und spürbar zu machen und sie zugleich der geometrischen und rationalen Messbarkeit zu entziehen, ist ein Wesenszug der Photographien und Installationen von Maria Hahnenkamp. In den *Ornamenten* werden die Begrenzungen real begehbarer Architekturen perforiert, sodass eine für Licht und Dunkel und somit für das Empfinden von Enge und Weite durchlässige Raumhülle entsteht. Die Leerstellen und der in Schichten gestaffelte Bildaufbau entblößen die in Photographien *O. T. (aus der Serie „Räume/Wände")* ‚realistisch' erfassten Gehäuse als Bühnen des Kunstbetriebs, die – unabhängig von Ort und Zeit – nach Bedarf aufgeklappt und mit wechselnden Stücken bespielt werden können. Schließlich werden in den Photographien der Serie *Eine Frau*, aber vor allem in den Bildern der Werkgruppe *Sticken* der menschliche, d.h. der weibliche Körper und der ihn umhüllende Raum durch den Zauber der Oberfläche in unerreichbare Nähe entrückt, es sind Bilder des Begehrens und des Wegschließens. In ihren Arbeiten manifestiert Maria Hahnenkamp Raum nicht nur an den vertrauten Dingen des Sichtbaren, sondern auch an der ‚Leere', die nicht als Mangel aufgefasst ist, da sie den Raum als seinem Wesen nach unfassbare Qualität zur Anschauung bringt.

12   Wassily Kandinsky, *Über das Geistige in der Kunst*, München, 1912, 10. Aufl., Bern, 1952, S. 96.

Photographic Work and Installations
BERTHOLD SCHMITT

White walls have not always served as the background for the presentation of art works in museums and galleries throughout the history of exhibitions. In the 19th and even the 20th century, exhibition rooms were often decorated with colored wallpaper. On this kind of surface, the works were hung close together in a number of rows above one another. In Germany, the white wall probably first became an integral component of the presentation concept at the international art exhibition of the "Sonderbund" in Cologne in 1912. In the past several years there have only been a few exceptional cases in which colored walls were utilized. Instead, the white exhibition room, whose structure and effects Brian O'Doherty investigated in his essay "Inside the White Cube,"[1] has become predominant. Parallel to this development, the relationship between the work of art and the wall or exhibition room has undergone an alteration. This space has evolved into a "cult room of aesthetics." According to O'Doherty the image of a white, ideal room arises, which more so than any single painting may be regarded as the archetypal picture of art in the 20th century. In the enclosure that has been purified in this fashion and is "shadowless, white, clean and artificial – entirely devoted to the technology of aesthetics" – art has the "freedom, as it is generally expressed, 'to live its own life'."[2] Thereby the works engage in a multifaceted dialog with each other as well as with the peculiar features of the walls and of the room.

White is the essential element in the artistic creations of Maria Hahnenkamp, who lives and works in Vienna. Not only the materials she uses such as thread, textiles, paper, passe-partout, and picture frames, but also the wall – in its function as a support for the movable objects and as a component of the immobile installations – appears in pure white. As a result, the works of art and the place where they are presented embrace each other. The color of the individual components is thereby merely one of the

---

1   Brian O'Doherty, *Die weiße Zelle und ihre Vorgänger*, in: Wolfgang Kemp, *Der Betrachter ist im Bild. Kunstwissenschaft und Rezeptionsästhetik*, Cologne, 1985, pp. 279 – 293; first appeared in English in: *Artforum*, 1976.

2   O'Doherty, 1985, p. 281f.

things they have in common; the embrace has a very special effect upon the spatial structures and the qualities of both the exhibits and the rooms surrounding them. The concept of the form of the room seems to afford us a key to understanding the strategy upon which these works are based; Bernd Schulz designates it as "visual presence and simultaneous image-withdrawal."[3] This concept will be elucidated here using the drill-pictures *Ornaments* (2001), the photographic series *Rooms/Walls* (2001), the photographic series *A Woman* (2001), as well as the group of artworks *Embroidered* (1994 – 2001) as examples.

For the exhibition *Photographic Work/Installations* in the Stadtgalerie Saarbrücken (Gallery of the City of Saarbrücken), Maria Hahnenkamp furnished a room with three *Ornaments*. Using pre-fabricated templates and a drill, she transferred stylized drawings of vegetal forms onto a wall, one hole at a time; the distances between the drillings were thereby precisely predetermined.[4] The models for these works were taken from 19th century pattern books; they show climbing and clinging plants, agitated forms that are often intertwined in a complicated fashion with gracefully curved leaves and tendrils. In places they float along the surface, in others they proliferate like a dense, luxuriant carpet. In certain segments a straightly drawn line appears to form the border of a frame and so gives it the character of a closed pictorial composition, whereas in others the arabesques reach out freely to end in a corner of the room or to break off on the reveal of a window frame.

At first glance the delicate weaves are difficult or impossible to perceive, since the white of the walls outshines the drawings that have been made with the fine drill bit (1.5 mm in diameter). Upon more careful observation the ornament, however, becomes apparent on and within the white background of the walls and unfolds its contradictory effect of presence and, at the same time, withdrawal. The drilling through of material (plaster) gives rise to pictorial or relief-like structures, which only become visible as a result of the darkness of the shadows they engender whereas the brightness of daylight or of the artificial illumination extinguishes them. Due to the double function of the wall as the bearer and a component of the "picture," the properties of the wall as a surface and as a mass are emphasized, whereas on the other hand it also seems to assume the nature of a thin foil which is underlain by a dark layer of unfathomable depth. The perforation of the wall breaks open the self-containment of the exhibition room and indicates that there must be something "beyond" that allows the ornament to appear through the darkness while at the same time causing its surface – as well as image-like character – to dissolve. The work is thus endowed with an ambivalence between

<hr>

3   Bernd Schulz, opening speech of the exhibition *Maria Hahnenkamp. Fotoarbeiten / Installationen* in the

     Stadtgalerie Saarbrücken, on June 13, 2001.

4   Dimensions: a) 109 x 150 cm, b) 109 x 130 cm as well as, c) 109 x 132.5 and 109 x 160 cm (2-part).

"appearance and disappearance," which Silvia Eiblmayr designates as one of the basic features of the artistic creations of Maria Hahnenkamp.[5] The ornament, by nature decorative and surface-referential, is united with the surface which it permeates and to which it gives depth. This gives rise to a perceived uncertainty in relation to the spatial situation, vacillating between tangible proximity and indefinite distance, which is not confined to the ornament but extends to the picture-bearing walls and to the entire exhibition room.

Transferred to a different medium, the strategy of "visual presence and simultaneous withdrawal" also constitutes the basis of the *Sound-Space Reflection* (2001), which Andres Bosshard has set up in the same room. At the request of Maria Hahnenkamp, the Swiss musician and multi-media artist was invited to acoustically join two spatially separate presentations of Hahnenkamp. In the installation *Slide Projection No. 1* (2001; see the article by Friedrich Tietjen) the mechanical clicking of the slide projectors and the sounds of the visitors moving about are recorded with a microphone, electronically processed, varied and transmitted live by loudspeaker to the room with the *Ornaments*. Discrete noises alternate with longer series of sounds, these overlap one another, become quicker and louder, then slower and quieter; regular ticking is interrupted by a sharp bang, which is followed by stillness. A variety of sound waves, sound-rings, and lightning flashes in sound form condense to give rise to an acoustic choreography. It turns the room, in which people can move about freely, into a hearing-room; it expands, narrows, quickens, and calms it down. Bosshard installed a spatially and temporally complex musical system, which, analogous to *Ornaments*, reflects the structure of the exhibition room and – by removing the static nature and self-containment – causes the architectonic enclosure to fade out, letting it vanish from one's perceptions.

Regarding room design, the medium photography, whose content is often considered "realistic" and "naturalistic," is especially meaningful. In Saarbrücken, Maria Hahnenkamp contributed five large photographic artworks designated as *O.T. (untitled – from the series "Rooms/Walls").*[6] They show views of rooms as well as of parts of rooms, which have little depth but great breadth and, arranged strictly parallel, are shoved right up to the white picture frames. What characterizes a room? Is it the relationship between its boundaries and its openings, or, instead, is it its furnishings and function? What do walls, floors, and ceilings reveal about its nature, what do doors and windows tell us? The hints of how the room is to be used are scarce: a couch, a table, and a carpet indicate that it is lived in, a bed and a lamp are symbols indicating sleep, paint spots

5   Silvia Eiblmayr, *Die weiße Frau und die weiße Zelle. Zu den Arbeiten von Maria Hahnenkamp*, in:

     Camera Austria International, no. 61, Graz, 1998, pp. 3 – 14, citation p. 3.

6   Dimensions: each 139 x 184 cm (with frames).

allow us to conclude that it is a painter's studio, lights sunk into the ceiling and a hygrometer in a white, windowless "cube" are the appropriate accessories for a place destined for intimate encounters with art. The furnishings, technical equipment, and the condition of the room recall a stage at a theater. The rooms and the purposes they serve, to the extent that these are defined by the props in them, seem to be interchangeable, not correlated with a particular architectonic design or function. In terms of the way the space in them is presented, they are enclosures set up in stage-like fashion that show an odd ambivalence: whereas the familiar objects, "realistically" captured on the photographs such as table, bed, and heater, show corporeal volume and suggest a spatial extension, the shells of the rooms (their floors, walls, ceilings) embrace to form a flat surface and divest the space in the photo of its three-dimensionality. This also becomes clear in the empty spaces on the rear walls, which are centrally located and exert a decisive influence on the pictures. The interweaving of the compositions works through – but at the same time also displays an orientation toward – these spaces within the picture proceeding from their edges. This ambiguity in the design of the room corresponds to the picture's temporal structure, which cannot be determined precisely. How should the emptiness of the rooms and their walls be understood? Is somebody moving out here; or perhaps moving in? Are the free surfaces for setting up and for hanging objects waiting to be utilized, or have the works already been taken down and carried away? Have the inhabitants, artists, and gallery visitors left the "stage," just as they would after a play, or is the theatrical performance about to begin? A condition of suspension, in which there is no time, or in which time seems to stand still, a labile balance, that can be terminated the very next moment. Similar to the aesthetic cult rooms of the gallery,[7] untouched by time and which ideally should only be traversed by the mind and eye of the visitor, the rooms in Maria Hahnenkamp's photographs can only be entered virtually. The creation of empty places in them, the freeing of spaces, the "clearing away," cannot be regarded as the "opening up of places" (Martin Heidegger) where one might linger.[8] Because there are no works of art in them, the places where art is produced, presented, and viewed lose not only their uniqueness, but also some of their holiness, their dignity and their secrecy.[9]

The photographs of Maria Hahnenkamp do not provide the human body, and especially the female body with any "place to linger." The photos in the series *A Woman*[10] which hang opposite the works *Rooms/Walls* are nearly monochromatic images of an intensely red, soft cloth, bunched in places and piled up into folds. Only upon second

---

7   Cf. O'Doherty, 1985, p. 282.

8   Cf. Martin Heidegger, *Die Kunst und der Raum. L'art et l'espace*, 2nd edition, St. Gallen, 1982, p. 9ff.

9   Cf. O'Doherty, 1985, p. 281.

10   Dimensions: 4 pictures, each 93 x 73 cm (with frames).

glance does one realize that this is not merely a textile surface, but the clothed body of a woman whose torso is leaning against a pane of glass. In doing so it gives rise to pressure points, which by their flatness indirectly hint at the female body behind them. They show the woman as a tableau dressed up for the media, a fetish of society's intentions to represent beauty. These are pictures of the body that are only visually connected to the real space of the observer, in which the body does not find any room and has no place to stay.

Embroidered photographs have constituted a permanent part of Hahnenkamp's work since 1994. A colection of eleven pictures from the group of artworks *Embroidered* (1994 – 2001) is on display in Saarbrücken.[11] In a technically perfect manner involving complex handwork, the photographs and passe-partouts have been covered with elaborate filigree structures. These were taken from old pattern-books, just like the drill pictures in the series *Ornaments*. Only upon closer observation do the photographs behind the highly aesthetic stitched and embroidered decorations become apparent. As if coming from very far away, shadowy women's bodies emerge, surrounded by soft draped cloth and in places hidden beneath gently flowing garments. The bodies appear to be protected, but at the same time imprisoned, in the enclosures consisting of photos, passe-partouts, and frames decorated with elaborate arabesques. Attracted by this seductively beautiful "veil," the eye of the observer penetrates into the labyrinth of perforated and broken lines, follows the varied paths of their meanderings and changes of direction, takes delight in their elaborate curves, arches, and peaks. However the gaze cannot really penetrate through the enchanted, complexly interwoven network. Associations to fairy tales such as "Sleeping Beauty" come to mind, where the attempt to approach the loved and passionately desired princess involved the danger of failure, of incurring injury or even of death. Here the voyeuristic eye of the observer ultimately remains on the decorated surface. The ornament in the foreground distorts the view of what lies beyond, and so the decoration of the picture amounts to its withdrawal. As in the previously discussed *Ornaments*, the color white also has a twofold significance in the embroidered pictures. On the one hand it mystically conjures the purity and chastity of the woman, but it also helps to disembody her image, which results in an idealization and seclusion of femininity. Wassily Kandinsky describes the exciting ambivalence of the color white: it appears as "the symbol of a world in which all colors, existing as material properties and as substances, have vanished (…). It is a silence, which is not dead, but full of possibilities."[12]

One of the characteristics of the photographs and installations of Maria Hahnenkamp is their attempt to make rooms visible and perceptible, while at the same time

---

11 Dimensions: 10 pictures 41 x 53 cm, 1 picture 41 x 138 cm (with frames).

12 Wassily Kandinsky, *Über das Geistige in der Kunst*, Munich, 1912, 10th edition, Bern, 1952, p. 96.

rendering them inaccessible to geometrical and rational measurability. In the *Orna-ments*, the limits of real, traversable architecture are perforated, so that a spatial covering is created into which light and darkness can enter and in which sensations of distance as well as of narrowness can arise. The empty places and the layer-like pictorial structure reveal that the "realistic" enclosures in the photographs *O.T. (untitled – from the series "Rooms/Walls")* are stages for artistic endeavors. Independent of time and place, they can be opened up and played upon with changing content. Finally, in the photographs from the series *A Woman*, but especially in the pictures of the group *Embroidered*, the human, i.e., the female, body and the space enclosing it, are, through the magic of the surface, transported to a place so close as to be unattainable. These are pictures of desire and of locking away. In her work, Maria Hahnenkamp shows space by utilizing not only familiar, visible things, but also "emptiness." This emptiness is not treated as a defect, since it reveals the room to us as something essentially incomprehensible.

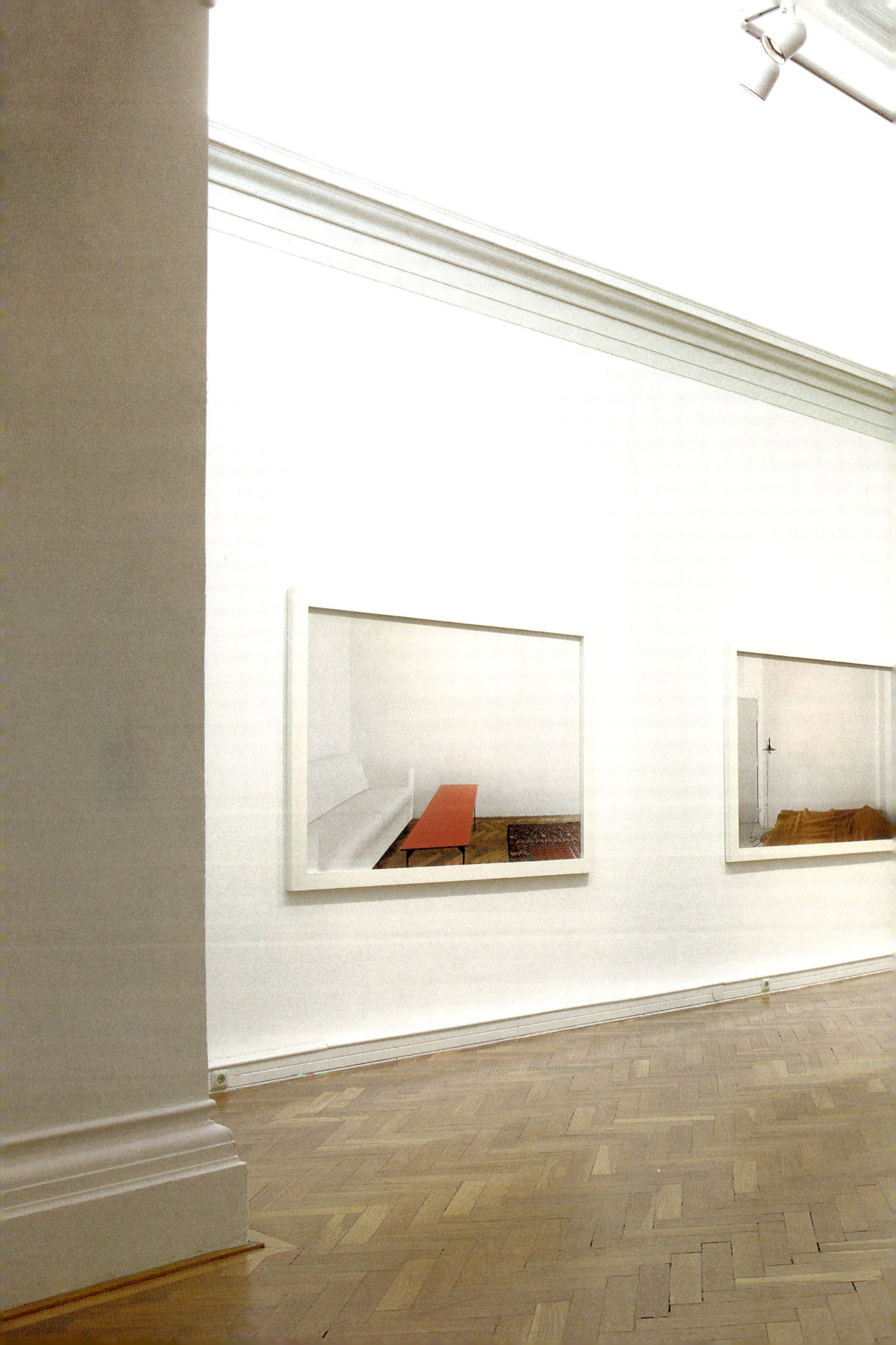

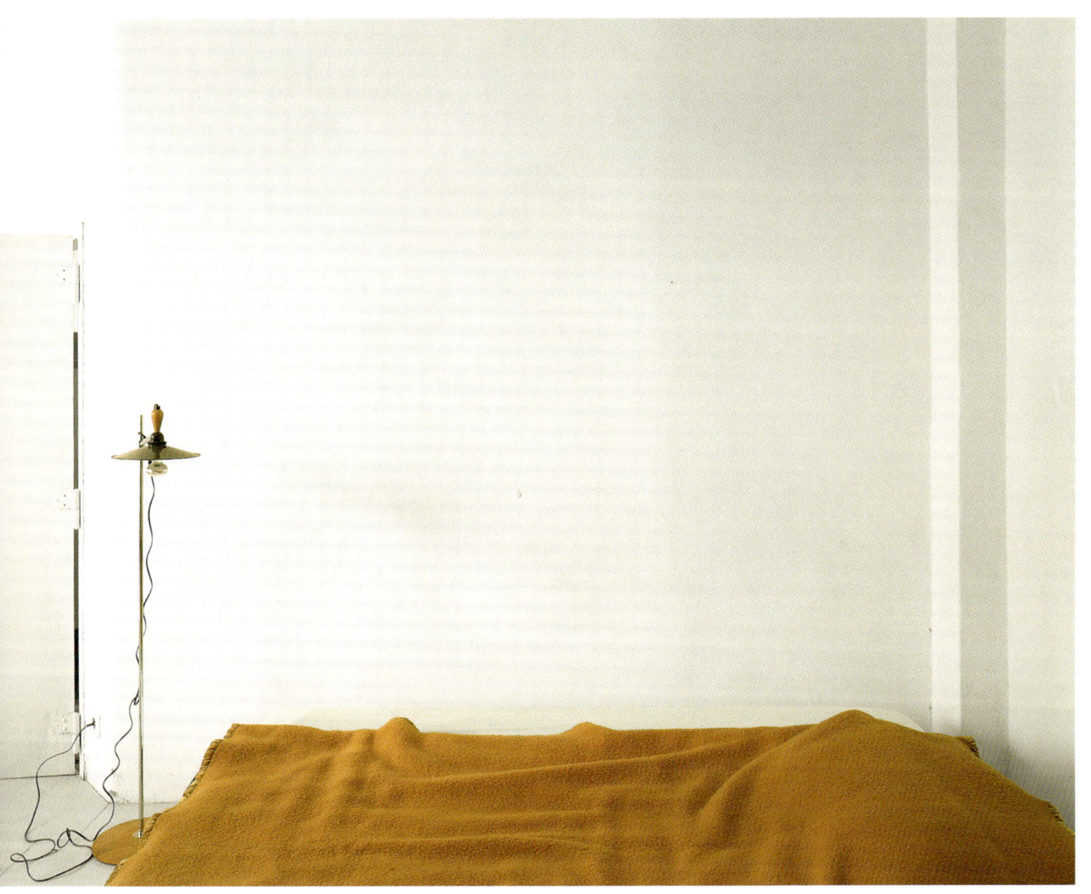

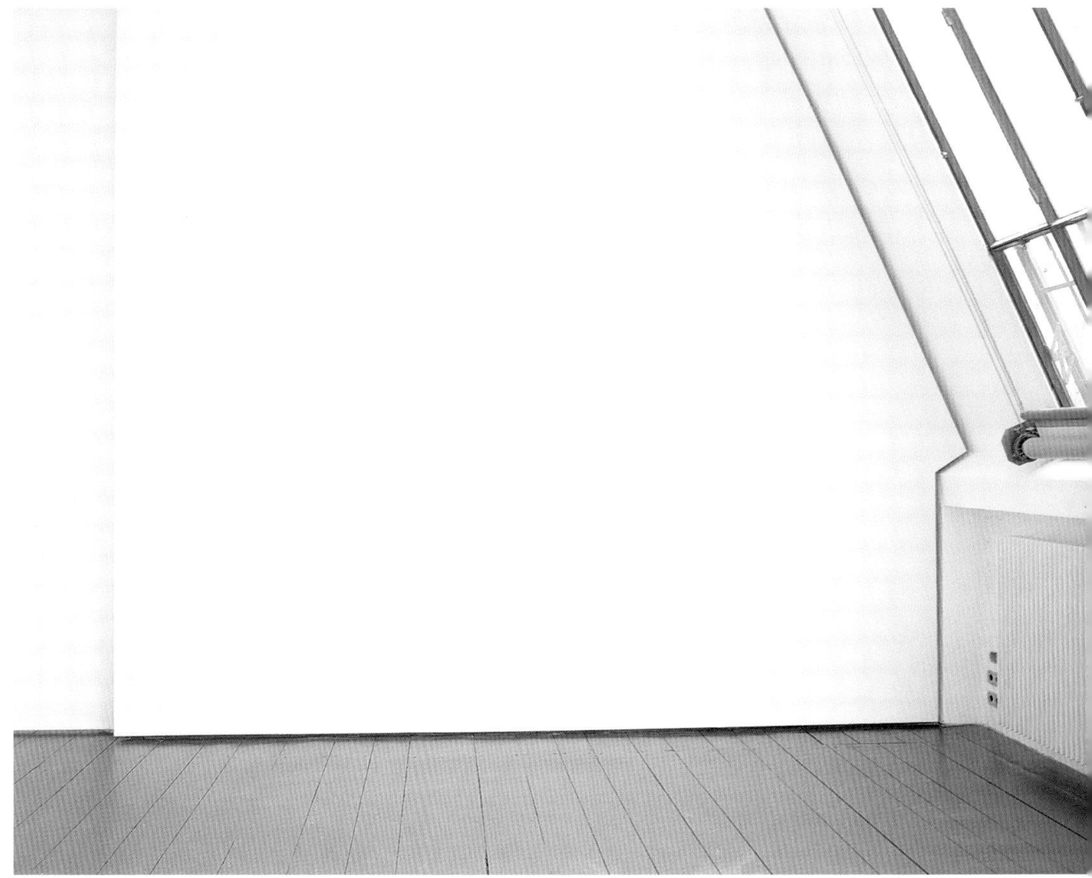

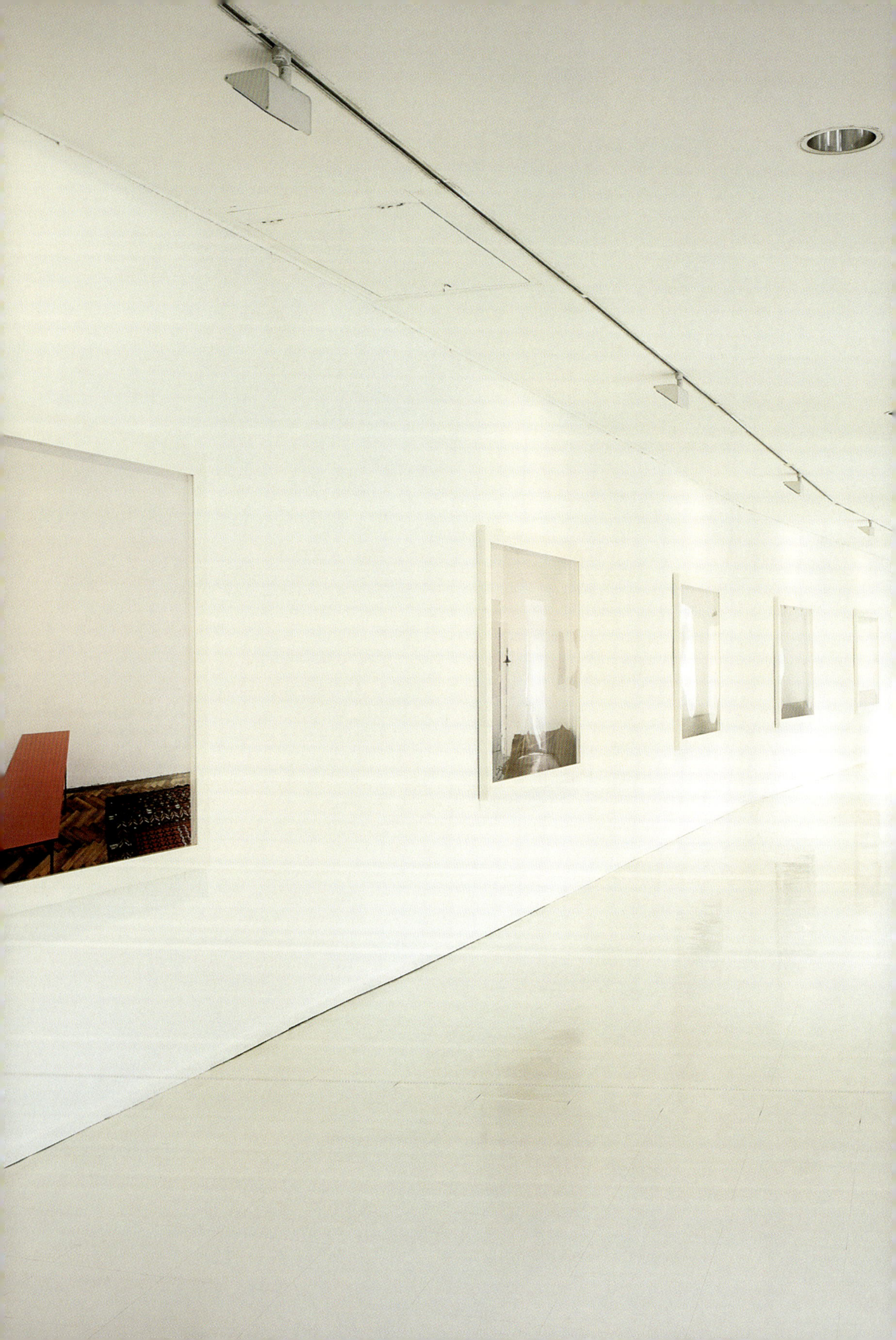

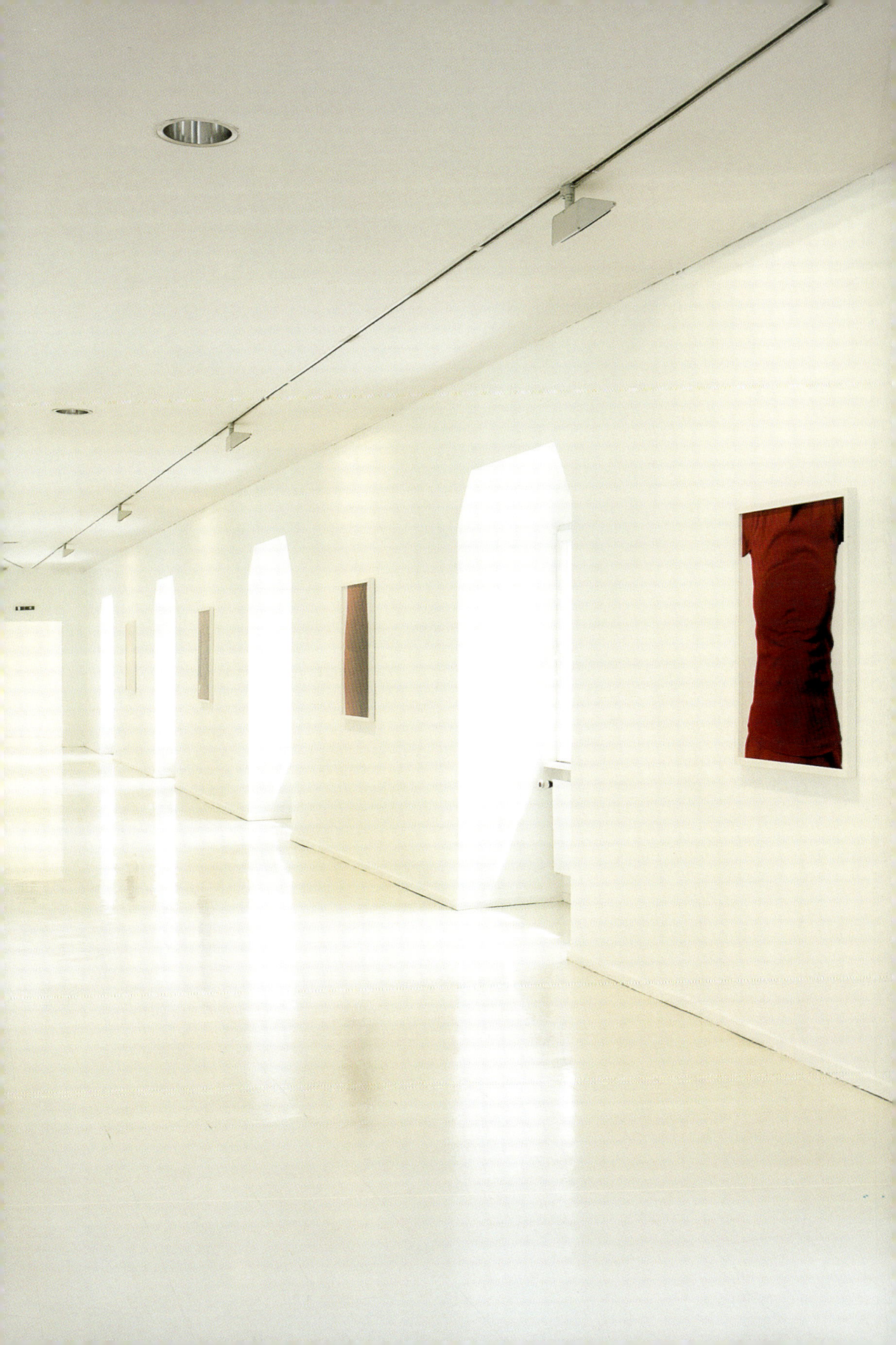

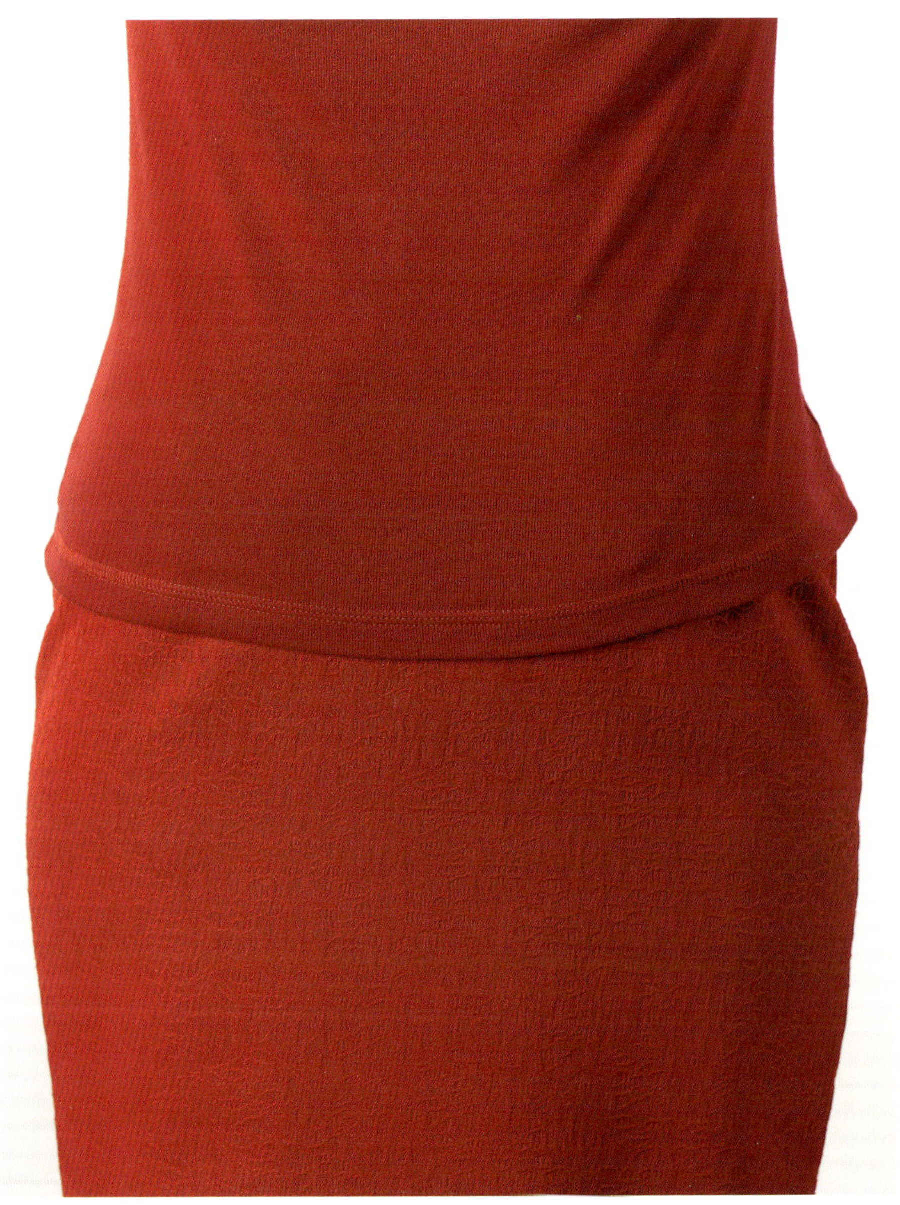

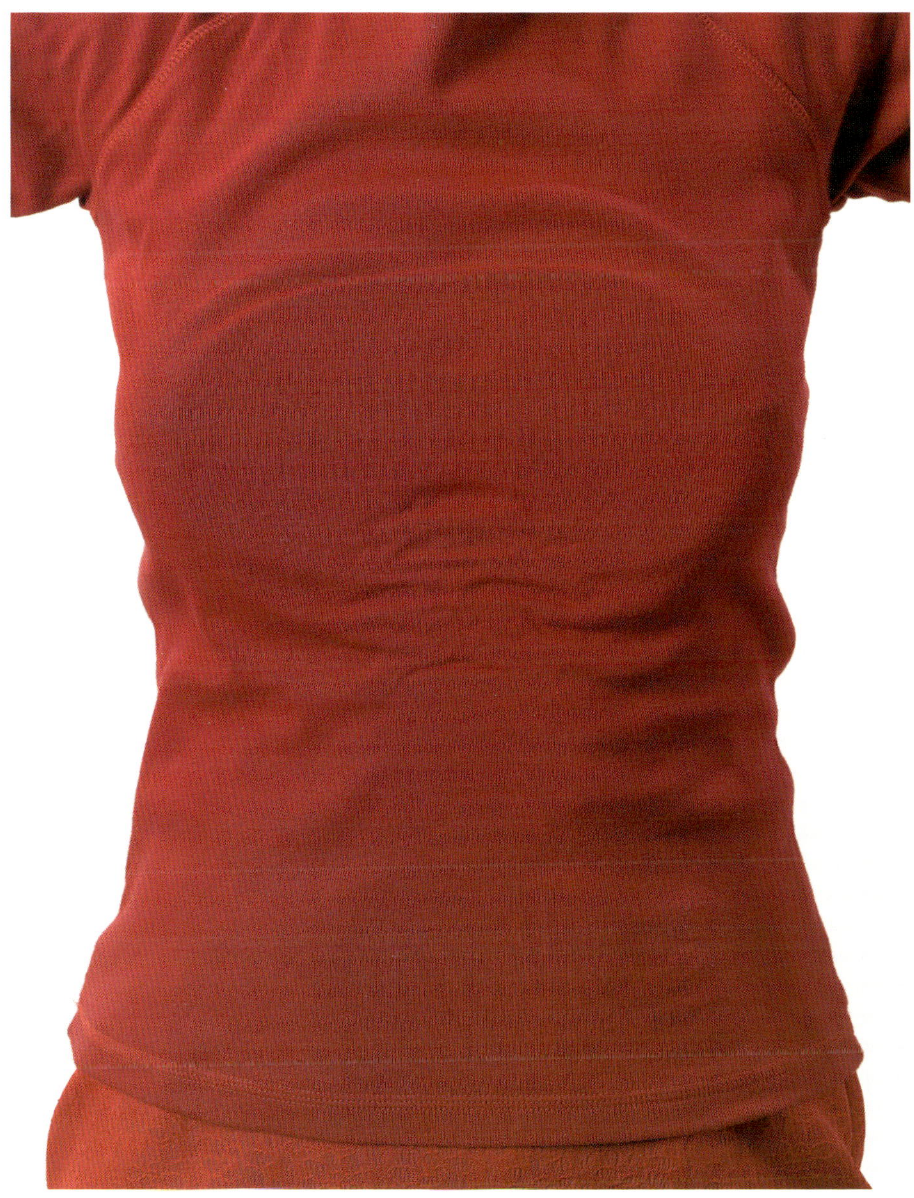

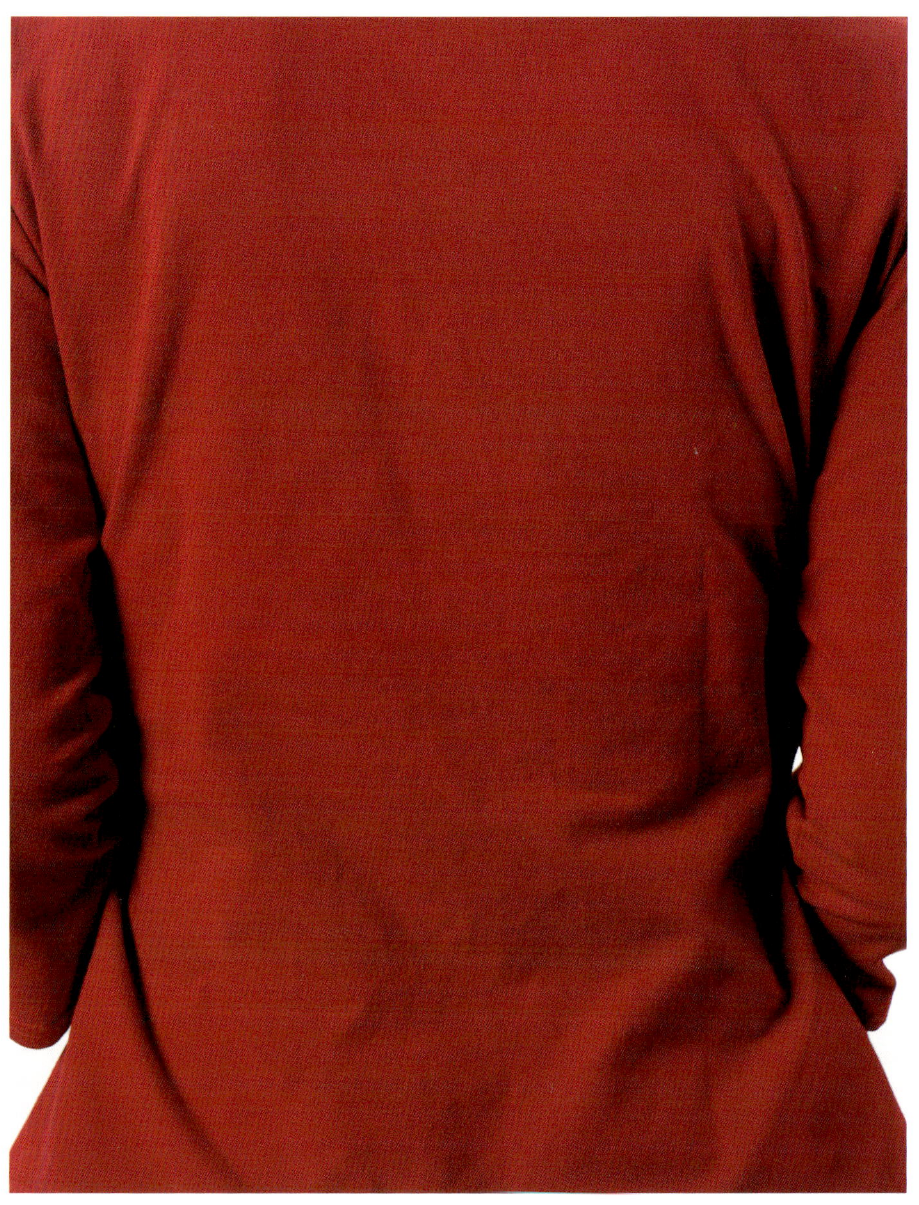

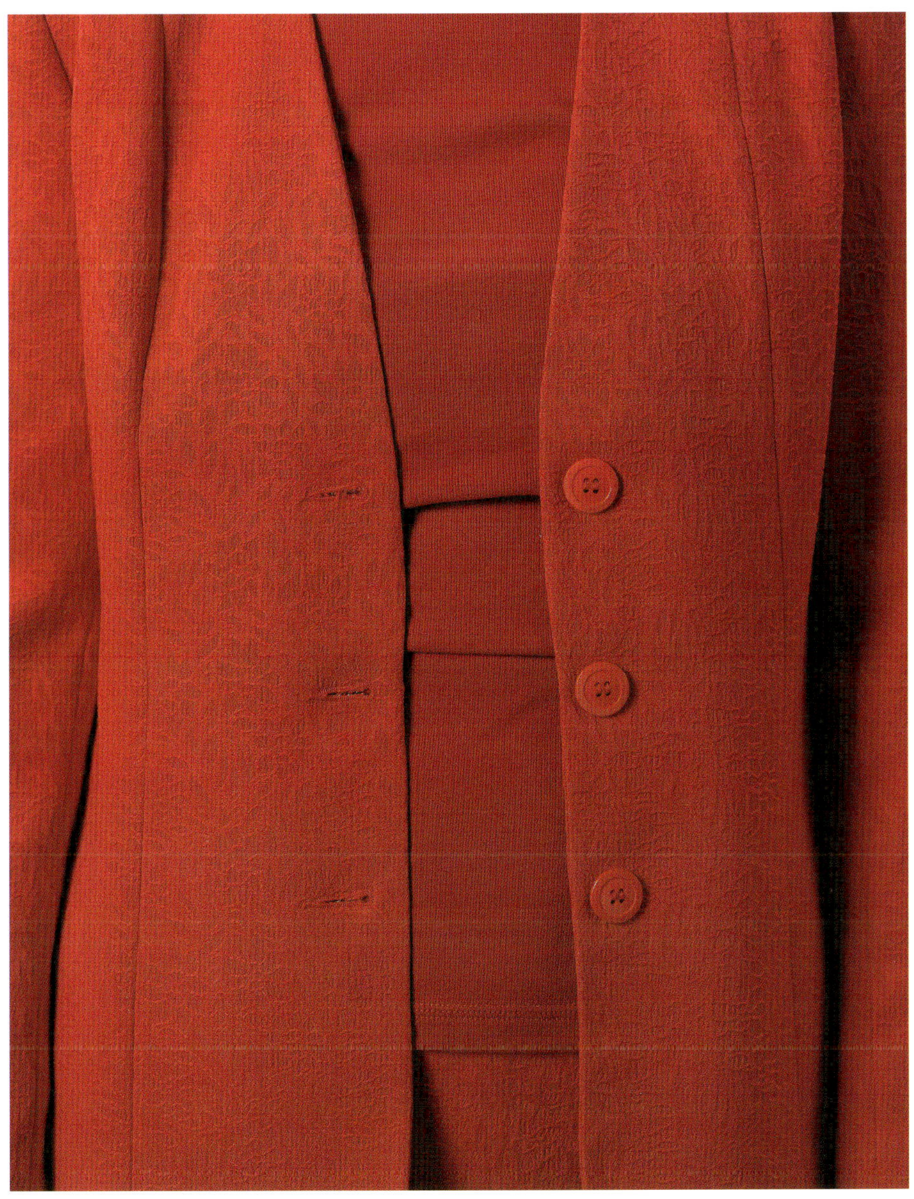

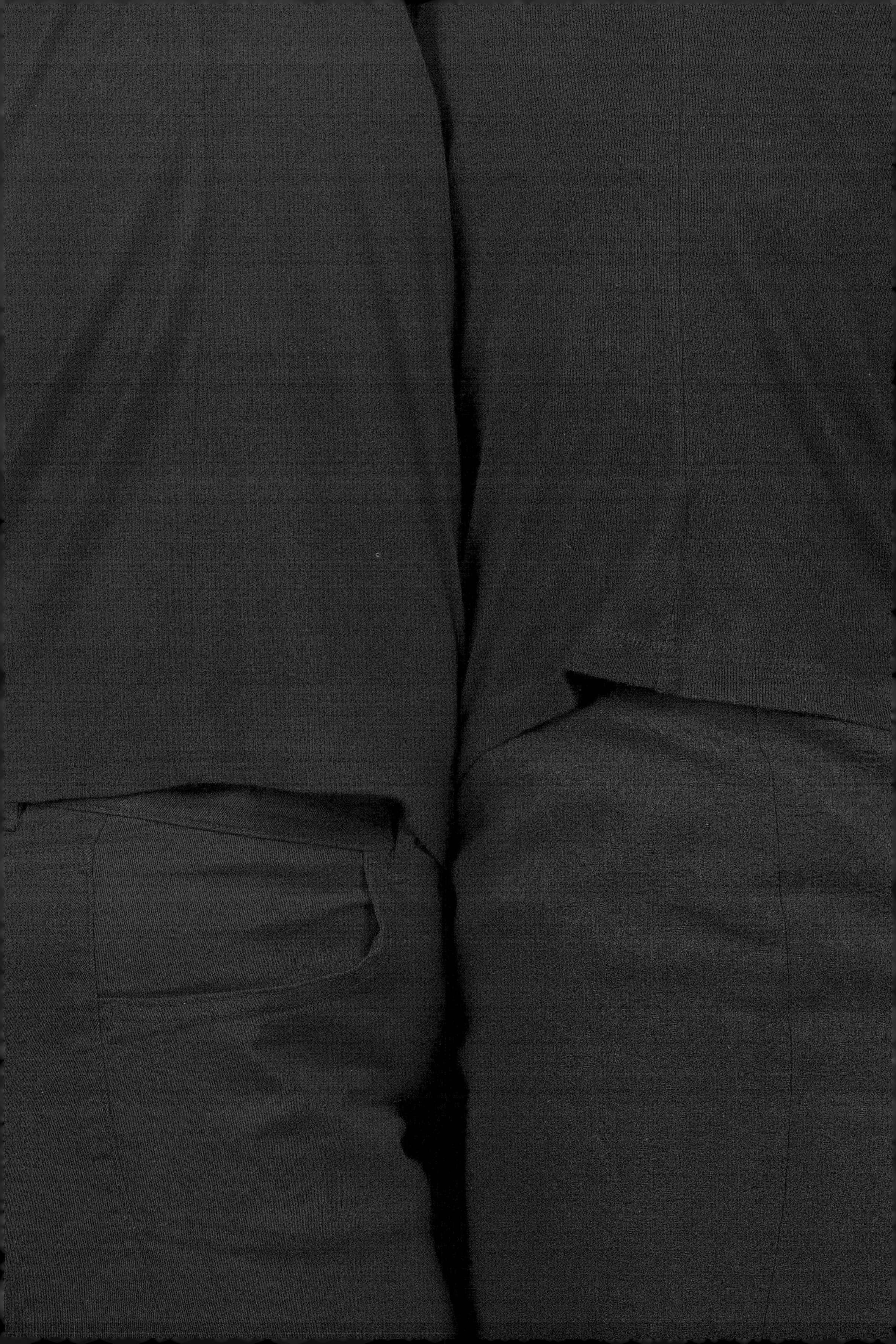

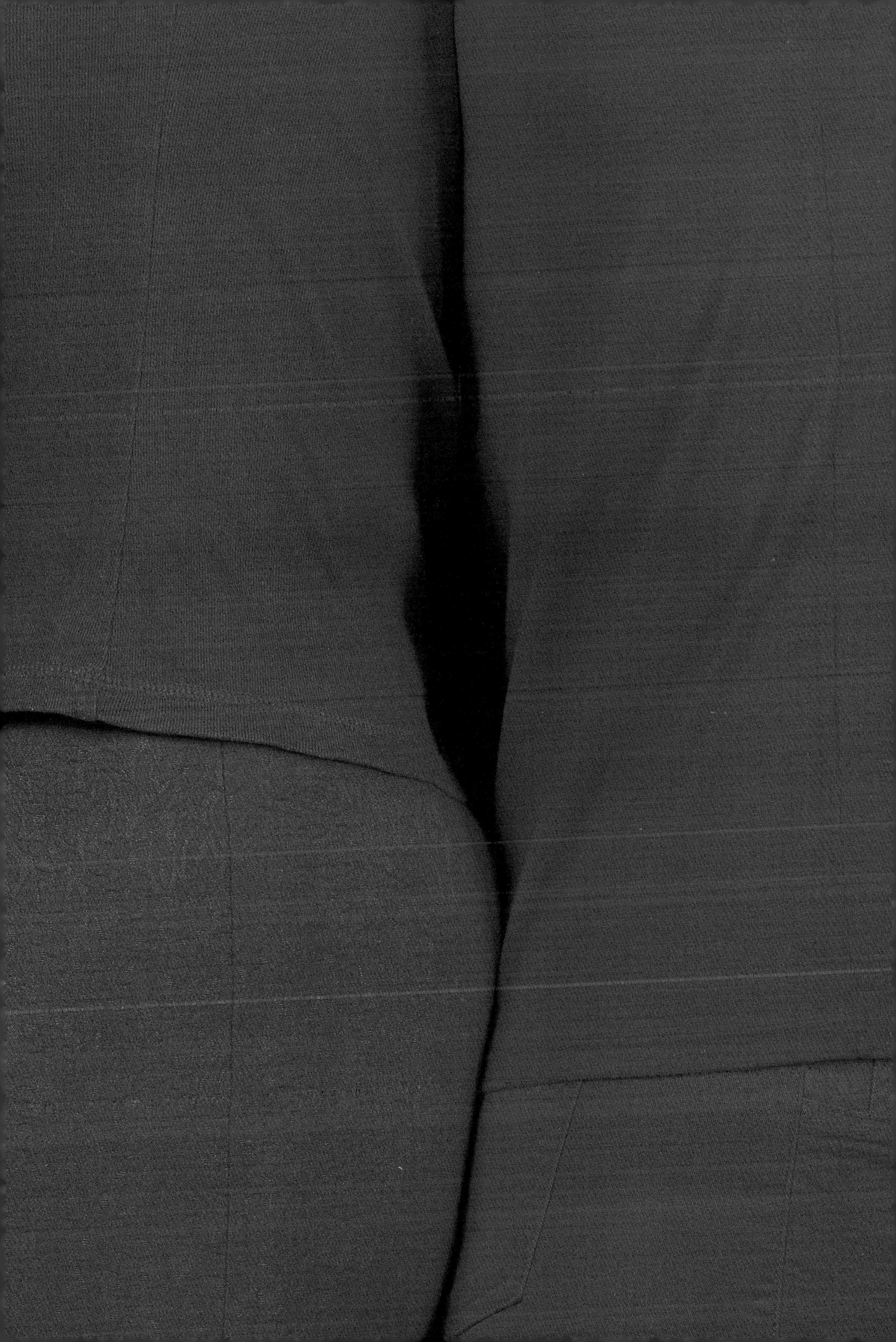

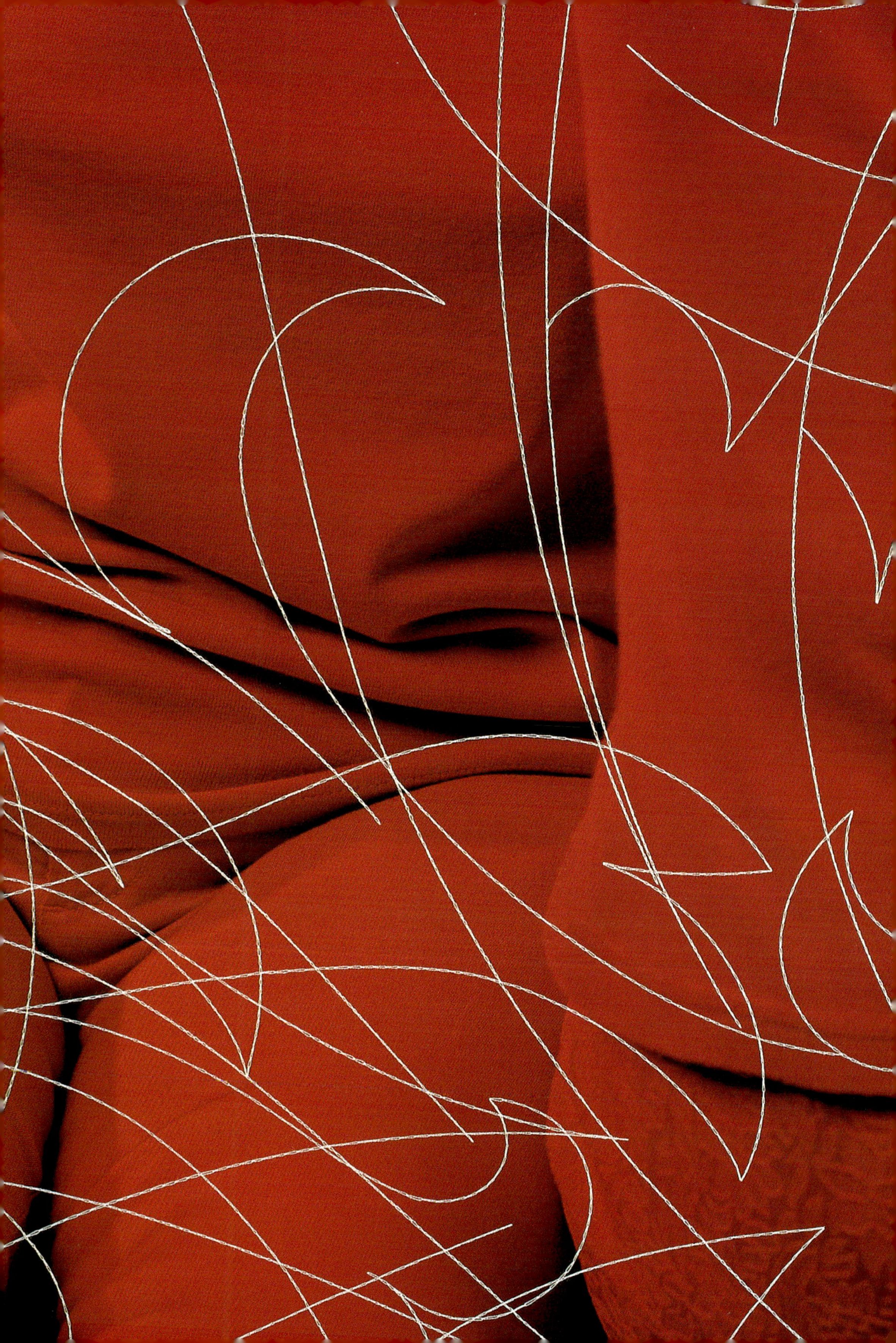

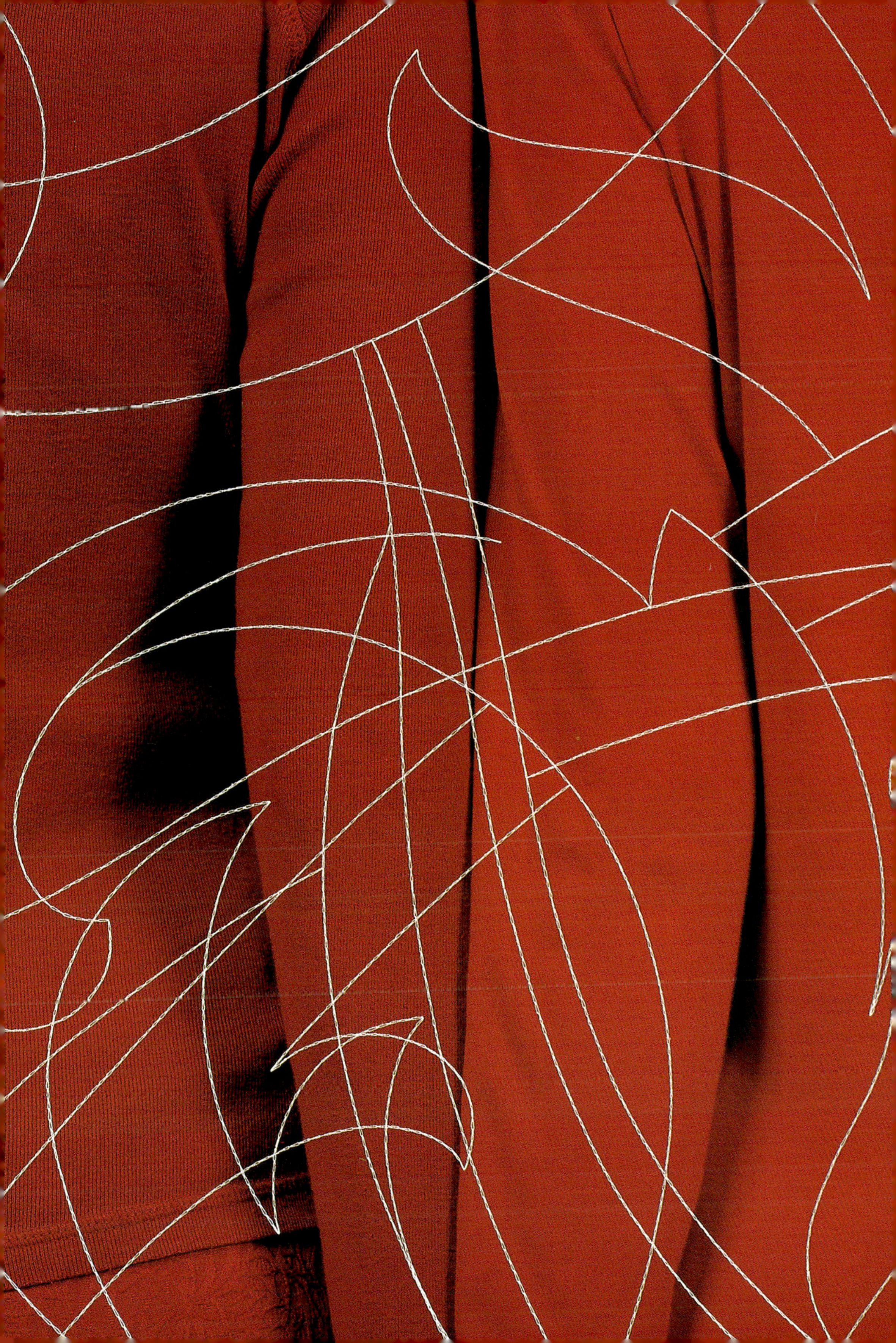

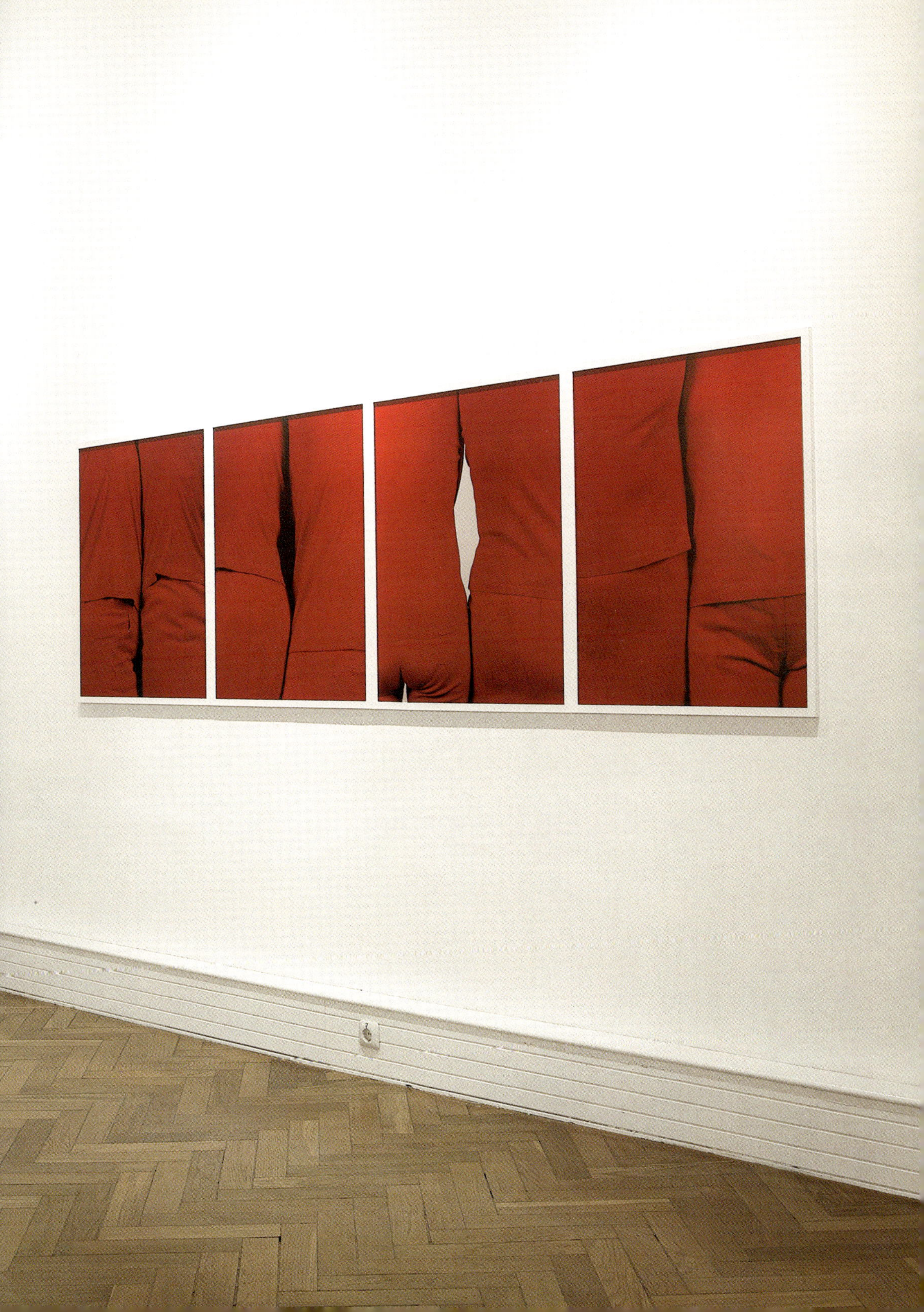

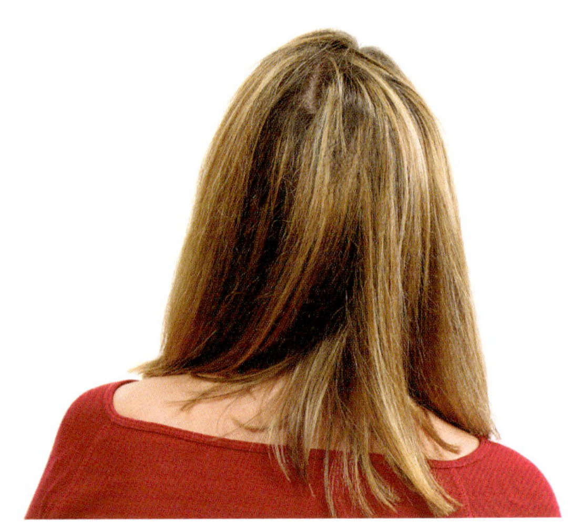

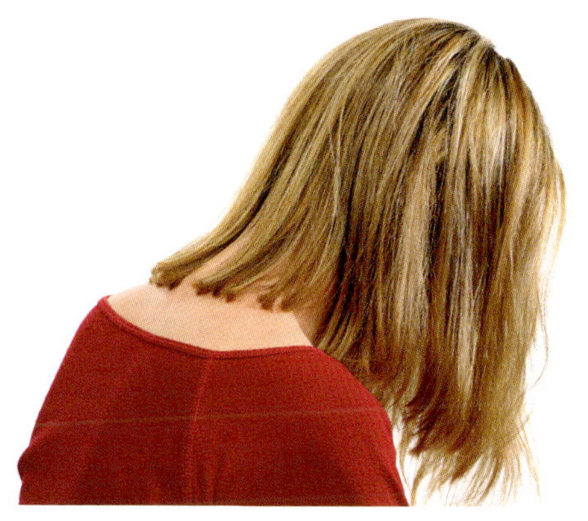

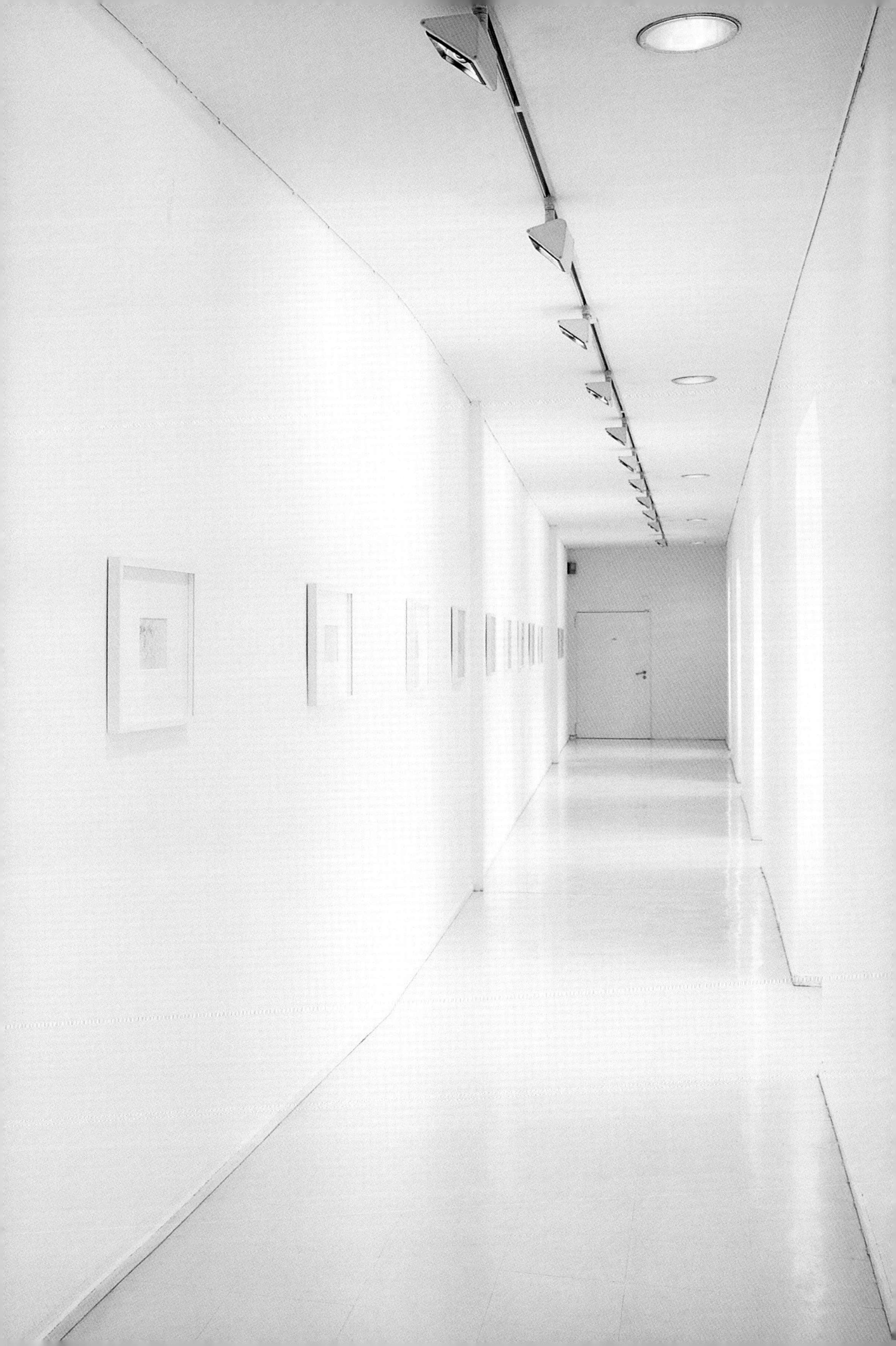

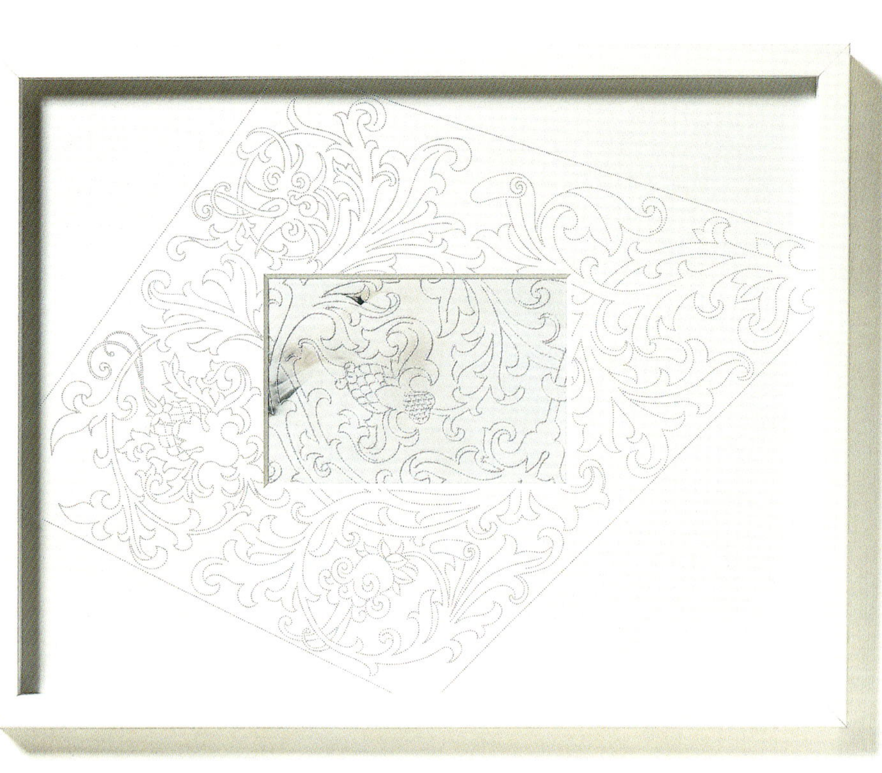

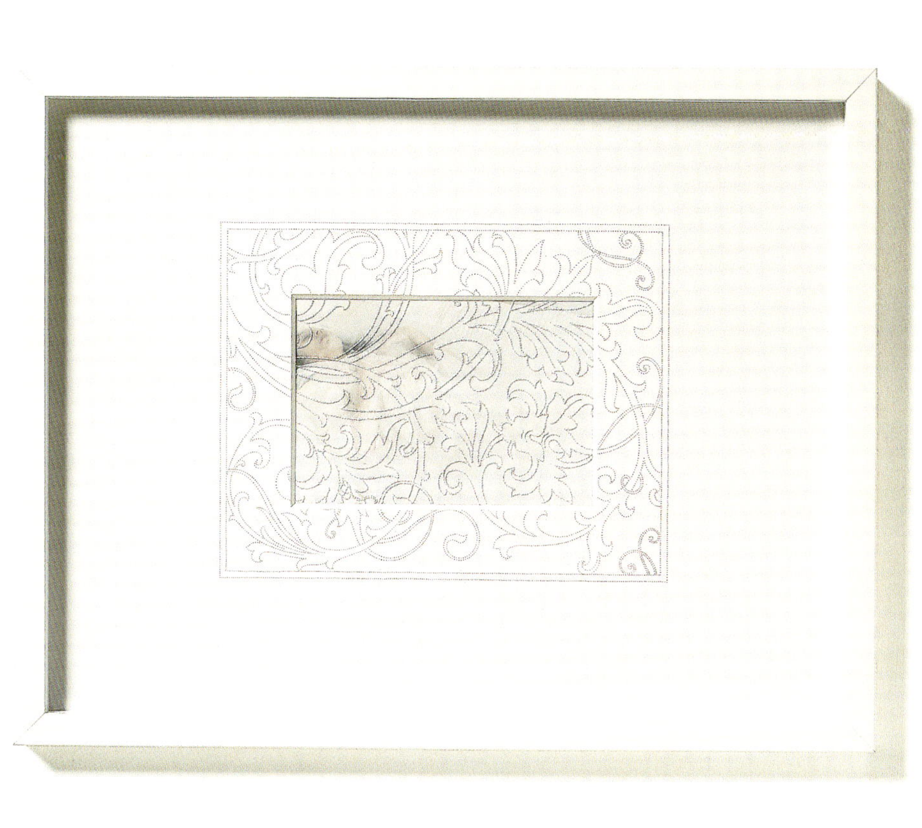

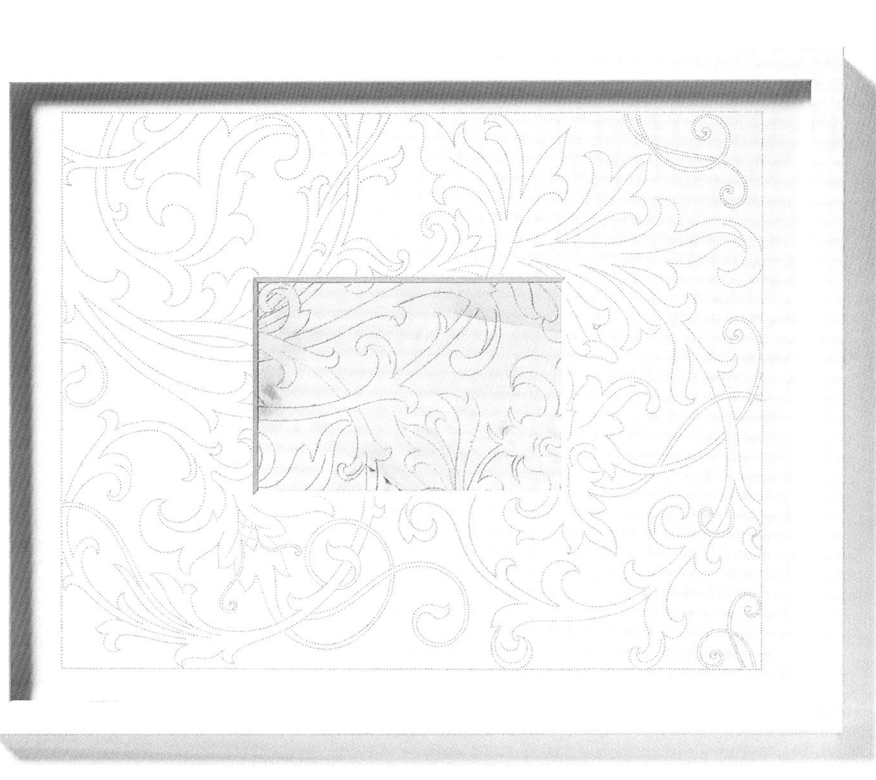

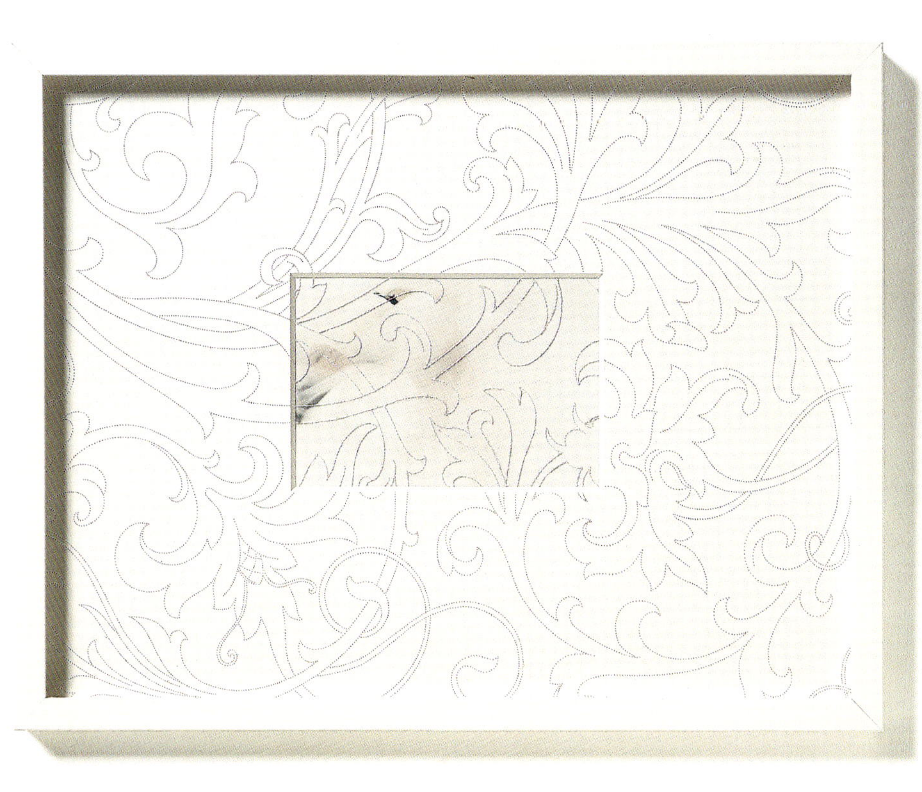

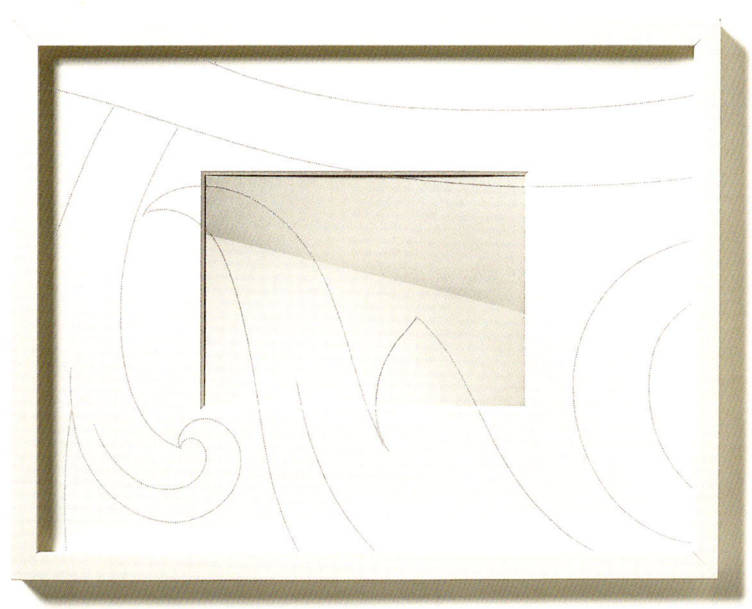
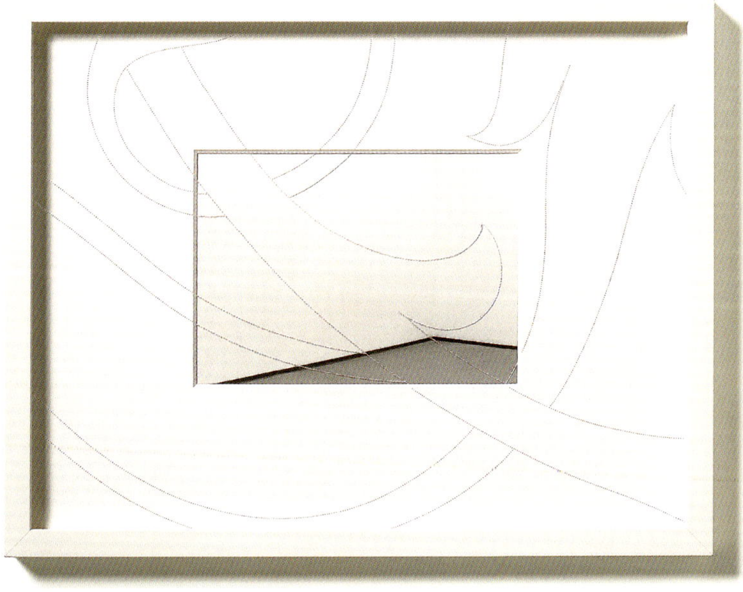

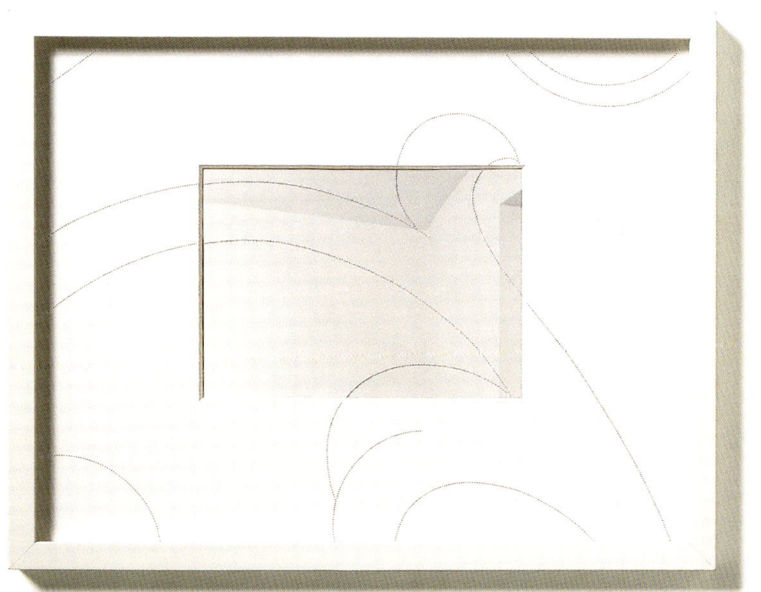

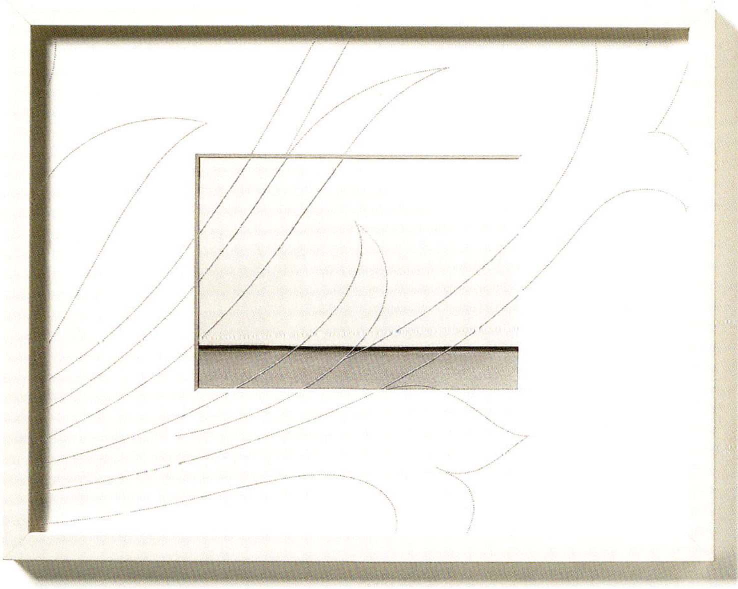

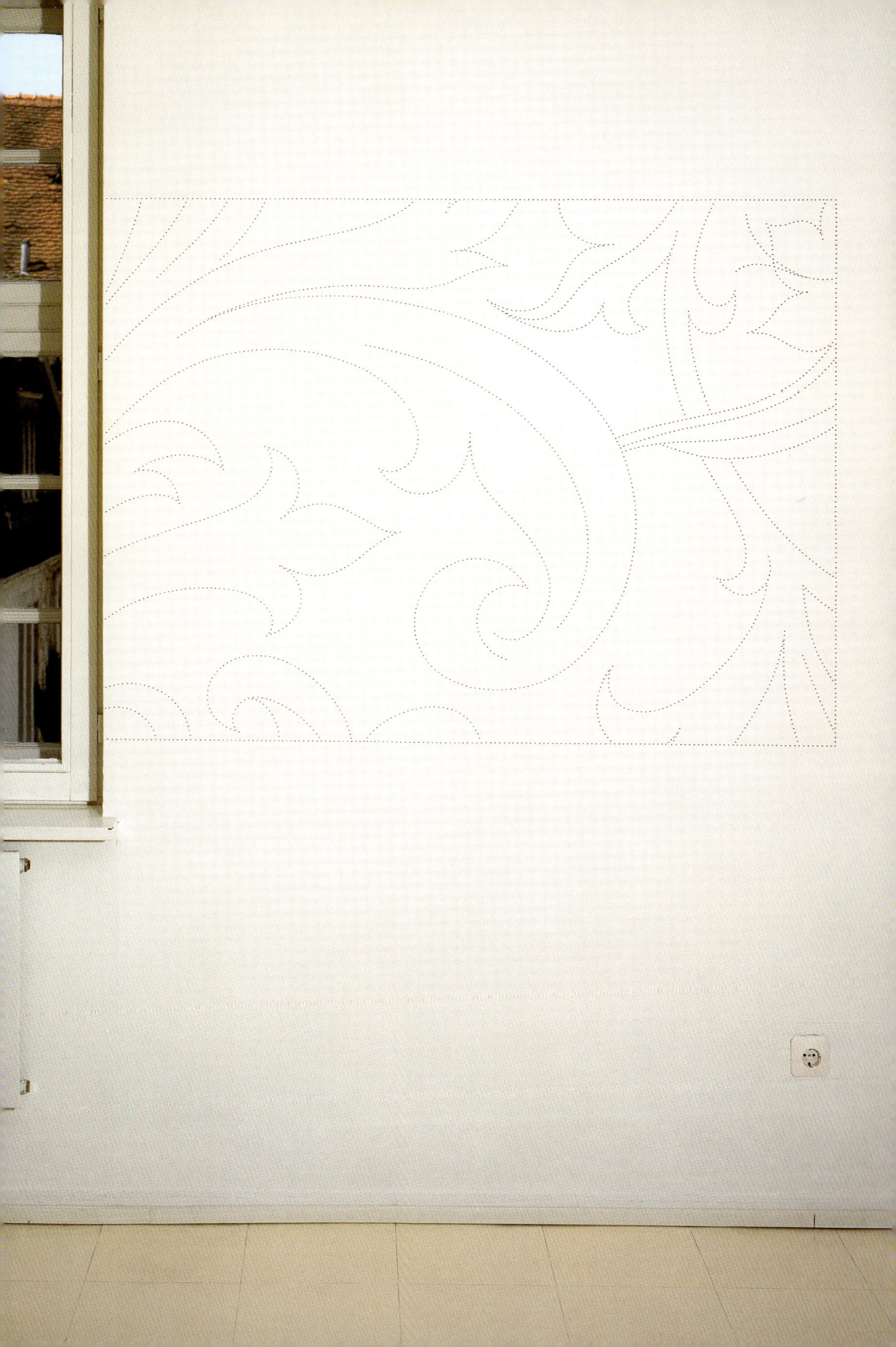

Technische Bilder: Photographie
CHRISTINA VON BRAUN

Die Photographie, so hat Flusser geschrieben, „wurde als erstes technisches Bild im 19. Jahrhundert erfunden, um die Texte wieder magisch zu laden".[1] Was ist unter dieser ‚Aufladung' zu verstehen? Es bedeutet, die der Schrift inhärente Abstraktion von der Körperlichkeit zum Verschwinden zu bringen, ohne dass die Bilder ihre (von der Schriftlichkeit abgeleitete) Definitionsmacht verlieren. So besagt eine grundlegende Theorie über die Photographie (die in verschiedenen Varianten auftaucht), dass das Auge des Betrachters immer ein ‚herrschendes' sei. Es entfalte seine ‚Aktivität' und ‚Wirklichkeitsmacht', indem es den anderen in sich aufnehme, mit Haut und Haaren verschlinge, um sich seiner zu bemächtigen – eine Form von optischer Aneignung, auf die schon Otto Fenichel in seinem Aufsatz *Schautrieb und Identifizierung* (1935) hingewiesen hat: „das gesehene Objekt fressen, ihm ähnlich werden (es nachahmen müssen), oder umgekehrt es zwingen, einem selbst ähnlich zu werden".[2] Das „gefräßige Auge"[3] findet durch die visuelle Einverleibung des anderen seine ‚Unversehrtheit' oder ‚Vollständigkeit' – eine Erlösungsmetapher, bei der sich eine Verlagerung der christlichen Eucharistie auf die Augen vollzogen zu haben scheint: Nimmt der Christ den Leib des Herrn in sich auf, um das ewige Leben zu erringen, so verschafft sich der säkulare Christ die Unsterblichkeit, indem er sich den anderen *mit den Augen* einverleibt.

Wie bemächtigt sich das photographische Auge des Anderen? Erstens, indem es seine Zeit zum Stillstand bringt; zweitens, indem es ihn erzeugt. Der Tötungsakt schlägt sich im Vokabular der Photographie selbst nieder, deren Bilder ‚geschossen' werden. In seinem Aufsatz über *Foto, Fetisch* schreibt Christian Metz, dass „Unbewegtheit und Stille Merkmale des Todes" wie der Photographie seien.[4] Philippe Dubois, der von der Photographie als *Thanatographie* spricht, sagt von der photographierten Person, dass

1   Vilém Flusser, *Für eine Philosophie der Fotografie*, Göttingen, 1991, S. 16.

2   Otto Fenichel, *Psychoanalyse und Gesellschaft*, Frankfurt/M., 1972, S. 149.

3   Gert Mattenklott, *Das gefräßige Auge oder: Ikonophagie*, in: ders., *Der übersinnliche Leib. Beiträge zur Metaphysik des Körpers*, Reinbek bei Hamburg, 1982, S. 78 – 102.

4   Christian Metz, *Foto, Fetisch*, in: *Kairos*, Nr. 1/2, 1989, S. 4 – 9, 5.

sie gestorben sei, „weil sie gesehen wurde“.[5] Für Peter Wollen bewahrt das Photo die Fragmente der Vergangenheit „wie der Bernstein die Fliegen“.[6] Und Roland Barthes erscheint das Photographiertwerden wie „im kleinen das Ereignis des Todes (...) ich werde wirklich zum Gespenst. (...) Wenn ich mich auf dem aus der Operation hervorgegangenen Gebilde erblicke, so sehe ich, daß ich GANZ UND GAR Bild geworden bin, das heißt der TOD in Person.“[7]

Weil die Photographie dem Photographierenden die Vorstellung einer Herrschaft über Zeit und Verfall vermittelt, imaginiert sich das photographische Auge auch als *Erzeuger* des oder der anderen. Das ‚sehende Subjekt‘, das sich mit der Renaissance als Phantasie herausbildet und in der Moderne durch den unerwiderbaren Blick der Photographie konstituiert, stellt das ‚Ebenbild‘ eines allmächtigen Gottes dar, der sehen kann, ohne gesehen zu werden.[8] Doch der zeugende Blick nimmt eine andere Form an. Hatte sich einst Gott der Erde und das männliche dem weiblichen Geschlecht ‚*ein*gebildet‘, so bildet das moderne sehende Subjekt durch den Blick der technischen Sehgeräte den anderen *ab*; zugleich hält es sich den anderen durch das Bild auch ‚vom Leibe‘. Dabei nimmt das Wort ‚Bild‘ eine andere Bedeutung an: Es beinhaltet die Verwandlung des anderen in einen abgespaltenen Teil des Selbst – und diese Vorstellung vom anderen als ‚Reproduktion‘ des Selbst wird auch in der Geschlechterordnung ihren Ausdruck finden.

Die Phantasie einer zeugenden Macht des Blicks kommt vor allem in den Sexualphantasien zum Ausdruck, die mit den technischen Bildern einhergehen. In dieser Hinsicht zeigt sich der Vorgang der ‚magischen Aufladung‘ besonders deutlich. Schon mit dem Beginn der Neuzeit kündigte sich – nicht nur auf religiöser, sondern auch auf weltlicher Ebene – in der Geschlechterordnung die Phantasie einer zeugenden Macht des Blicks an. Jahrhunderte vor der Entstehung der Photographie hatte sich, so Thomas Kleinspehn, ein „normativer Blick auf die Frau“ durchgesetzt, der „ihren Körper im Kern als eine Inszenierung männlicher Phantasien erscheinen“ ließ.[9] Aufschlussreich ist in dieser Hinsicht der Wandel des Begriffs der ‚Scham‘.

---

5   Philippe Dubois, *Der fotografische Akt. Versuch über ein theoretisches Dispositiv*, aus dem Französischen von Dieter Hornig, hg. u. m. einem Vorwort v. Herta Wolf, Amsterdam, Dresden, 1998, S. 163, 93.

6   Peter Wollen, *Le feu et la glace*, in: *Photographies* (Paris), Nr. 4, 1984, S. 17 – 21, 17.

7   Roland Barthes, *Die helle Kammer. Bemerkungen zur Photographie*, übers. v. Dietrich Leube, Frankfurt/M., 1985, S. 22f.

8   Im nicht erwiderbaren Blick offenbart sich das moderne „sehende Subjekt“: „Sein Werk“, so schreibt Kobena Mercer über Richard Mapplethorpes Photographien von schwarzen Männern, „scheint das politische Unbewußte der weißen Ethnie offenzulegen. Es offenbart die grundlegende Ambivalenz einer Vorstellung, in der die weiße Haut als kulturelle Identität gesehen wird, deren hegemonialer Anspruch auf der ‚Unsichtbarkeit‘ beruht.“ Kobena Mercer, *Skin Head Sex Thing. Racial Difference and the Homoerotic Imaginary*, in: *How Do I Look? Queer Film and Video*, hg. v. Bad Object-Choices, Seattle, 1991, S. 169 – 210, S. 189; vgl. auch Richard Dyer, *White*, in: *Screen* 29, no. 4, Herbst 1988, S. 44 – 64.

Der Begriff der ‚Scham' stand immer in enger Beziehung zum Sehen: Die Scham impliziert das Bewusstsein eines Blicks der anderen auf das Selbst. So berichtet Isokrates, dass ‚in den alten Tagen' junge Männer, wenn sie die Agora zu überqueren hatten, in „große Scham und Verlegenheit" gerieten.[10] Der englische Moralphilosoph Bernard Williams schreibt:

„Die Grunderfahrung der Scham besteht darin, gesehen zu werden – im unpassenden Augenblick, von den falschen Leuten, in der falschen Lage. Sie hängt unmittelbar mit Nacktheit zusammen, insbesondere in sexuellen Konstellationen. Das Wort *aidoia*, eine Ableitung von *aidos*, ‚Scham', ist eine übliche griechische Bezeichnung für die Genitalien, und ähnliche Begriffe finden sich in anderen Sprachen. Die Reaktion ist die, sich zu bedecken oder zu verbergen, und die Menschen versuchen instinktiv, solche Situationen zu vermeiden."[11]

Auch in der deutschen Sprache bezeichnet das Wort ‚Scham' sowohl das Scham*gefühl* als auch die Geschlechtsmerkmale. Aber das Gefühl der Scham beschränkt sich nicht allein auf den sexuellen Bereich. Es hat mehr mit einer allgemeinen Leiblichkeit und dem Gefühl des Betrachtetwerdens zu tun. Wo sich der Begriff der Scham auf die Geschlechtlichkeit bezieht, vollzog sich allerdings eine Veränderung. So hieß es in der Antike und noch bis in den Beginn der Neuzeit hinein, dass das *Erblicken* der weiblichen Scham den Mann in einen Zustand der Ohnmacht versetze: eine Vorstellung, in der sich auch der Topos vom ‚bösen Blick' der Frau oder dem tödlichen Blick der Medusa widerspiegelt.[12] In der zweiten Hälfte des 18. Jahrhunderts, als dank der technischen Sehgeräte der Blick zunehmend einseitig wird und ‚Erkenntnis' soviel wie ‚Eindringen' und ‚Penetration' bedeutet, nimmt die ‚Scham' eine neue Bedeutung an,[13] die auf einen Wandel des Blicks im Geschlechterverhältnis verweist. Dies zeigt sich besonders deutlich bei Jean-Jacques Rousseau, der in seinem Erziehungsroman *Emile* die Schamesröte zu einem Zeichen von Weiblichkeit und dem *einzig* zulässigen Symptom weiblichen Begehrens erklärt.[14] Das heißt, für Rousseau, dem an der Frau nichts anziehender

9   Thomas Kleinspehn, *Der flüchtige Blick. Sehen und Identität in der Kultur der Neuzeit*, Reinbek bei Hamburg, 1989, S. 123.

10   Zit. n. Bernard Williams, *Shame and Necessity*, Berkeley, Los Angeles, London, 1993, S. 79.

11   Williams, *Shame and Necessitiy*, S. 78.

12   Zum ‚bösen Blick' vgl. Kleinspehn, *Der flüchtige Blick,* S. 42f.

13   Kleinspehn, *Der flüchtige Blick,* S. 109.

14   Emiles und Sophies Verlobung vollzieht sich nach folgendem Muster: „Kaum hat sie ihn geküßt, als der entzückte Vater in die Hände klatscht und *noch einmal, noch einmal* ruft, und Sophie, ohne sich bitten zu lassen, ihm sofort zwei Küsse auf die andere Wange gibt; aber fast im gleichen Augenblick flicht sie in die Arme ihrer Mutter und birgt ihr von Schamröte entflammtes Gesicht an diesem mütterlichen Busen, erschreckt über alles, was sie getan hat." Jean-Jacques Rousseau, *Emil oder Über die Erziehung* (1762), übers. aus dem Französischen v. Eleonore Sckommodau, hg. v. Martin Rang, Stuttgart, 1980, S. 880f.

erscheint als ebendiese Scham, tritt in gewisser Weise das *sichtbare Erröten* an die Stelle der *sichtbaren Geschlechtsmerkmale* der Frau. Das weibliche Erröten, so Rousseau, wird aber erst durch die ‚eindringlichen‘ Blicke des Mannes erzeugt. Bei ihm offenbart sich eine Interpretation des Blicks, die dem Mann die Fähigkeit und Macht zuweist, mit seinen Augen die weibliche Scham – und damit ihre sinnliche Geschlechtlichkeit – *zu erzeugen.*[15]

Parallel zu diesem Wandel der ‚weiblichen Scham‘ vollzieht sich ein Wandel in der Vorstellung von männlicher Scham, die sich nun ebenfalls von den sichtbaren Geschlechtsmerkmalen fort und hin zum Blick verlagert. Für den Mann besteht, laut Rousseau, die ‚Scham‘ darin, *beim Sehen ertappt* zu werden: also dem der anderen ausgesetzt zu sein. In seinen *Bekenntnissen* beschreibt er seine Verehrung für eine junge Frau, an der er „mit gierigen Augen alles verschlang, was ich unbemerkt sehen konnte“. Er folgt ihr heimlich in ihr Zimmer, wo er entdeckt wird. „Tief beschämt“ sinkt er auf die Knie. Dieses Schamgefühl hindert ihn jedoch nicht daran, den Moment in lustvoller Erinnerung zu behalten: „Vielleicht“, so schreibt er, „hat sich gerade darum das Bild dieser liebenswürdigen Frau meinem Herzen so reizvoll eingeprägt“.[16]

Der Wandel der Vorstellung von ‚Scham‘ – und die unterschiedliche Zuschreibung des Begriffs an das männliche und an das weibliche Geschlecht – offenbart, dass sich mit der Neuzeit zunehmend eine von den Augen bestimmte Ordnung im Verhältnis der Geschlechter durchgesetzt hat: eine Ordnung, bei der der Sexualakt selbst durch das Sehen und Betrachtetwerden ersetzt zu werden scheint. E.T.A. Hoffmann hat die Phantasie eines Eros zwischen einem sehenden Subjekt und einem blinden Objekt der Betrachtung in seiner Erzählung *Der Sandmann* aufgegriffen. Der Held Nathanael verliebt sich in Olimpia: ein „hohes, sehr schlank, im reinsten Ebenmaß gewachsenes Frauenzimmer“, das er mit Hilfe eines Taschenperspektivs im gegenüberliegenden Hause sitzen sieht: „Sie schien mich nicht zu bemerken, und überhaupt hatten ihre Augen etwas Starres, beinah möchte ich sagen, keine Sehkraft, es war mir so, als schliefe sie mit offnen Augen“.[17] Ebendieser Frau, einer Puppe, die er sehen kann, die aber nicht selber zu sehen vermag, verfällt er im Liebeswahn. Hoffmann sieht die Gefahren, die in dieser erotischen Konstellation auch für den Sehenden bestehen: die Gefahr einer Ohnmacht, bei der es für den Betrachter nur noch ein ‚eingebildetes Du‘, ein Spiegelbild des Selbst, gibt. Hoffmanns Erzählung erschien 1816. In demselben Jahr gelang es Nicéphore und Claude Niepce zum ersten Mal, Lichtbilder auf Papier unter Verwendung von Silberchlorid mit einer Kamera herzustellen.

---

15 Die so genannten ‚Schwangerschaftsmale‘ haben hohen Kurs in dieser Zeit. Vgl. Kleinspehn, *Der flüchtige Blick*, S. 170f.

Sie sind ein Zeichen dafür, dass der weibliche Körper auch als ‚durchsichtig‘ phantasiert wird; die Blicke dringen in ihn ein.

16 Jean-Jacques Rousseau, *Die Bekenntnisse* (1782 – 89), München, 1981, S. 77f.

17 Ernst Theodor Amadeus Hoffmann, *Der Sandmann*, in: ders., *Werke*, 4 Bde, Frankfurt/M., 1967, Bd. 3, S. 19.

Der Wandel der ‚Scham‘ hatte Folgen. Er drückte sich u.a. in der rasanten Entkleidung des weiblichen Körpers seit dem späten 19. Jahrhundert aus. Galt der Anblick des unbekleideten weiblichen Körpers bis zur Renaissance als ebenso gefährlich wie der weibliche Blick, so verschwindet allmählich diese Angst, um mit der Entstehung der Photographie in das Gegenteil umzuschlagen: Der nackte weibliche Körper, dem einst unterstellt wurde, die Lüge zu verkörpern – etwa in den Bildern der verführerischen Frau, hinter deren Maske sich der Tod verbirgt –, wird nun zum bevorzugten Objekt der Darstellung von ‚Wahrheit‘ und ‚Wirklichkeit‘. Allerdings wurde diese Wirklichkeit als ‚Erzeugnis‘ des Blicks gedacht. Das zeigt sich u.a. daran, dass das Vokabular der optischen Reproduktionstechniken mit dem der Gentechnologie sehr oft identisch ist: Die Photographie erscheint wie die Einübung der Phantasie einer technischen Reproduzierbarkeit des Menschen[18] – eine Phantasie, die schon in der frühen Eugenik am Werke war, als etwa Galton sich der Photographie bediente, um den Typus des ‚Devianten‘ zu entwickeln.[19] Und nicht durch Zufall bedient sich Steven Spielberg in *Jurassic Park* zur Darstellung des biologischen Klonings einer Sequenz, in der sich Richard Attenborough *filmisch* vervielfacht. Insgesamt stellt die Geschlechtersymbolik eine der Schnittstellen von Medientechnologie und Gentechnologie dar: Bei beiden geht es um zentrale Begriffe wie ‚Reproduktion‘, ‚Simulation‘ oder ‚Inkarnation‘. Diese Macht brachte allerdings auch Ängste hervor, die sich im Motiv des verlorenen Schattens widerspiegeln, das die Literatur des 19. Jahrhunderts durchzieht.[20] In diesem Motiv kam die Angst zum Ausdruck, dass die ‚Kopie‘ die Herrschaft über das Original antreten könnte. Besonders deutlich in Andersens Märchen vom Schatten, der dick und reich wird und schließlich seinen Meister hinrichten lässt.[21] In *Jurassic Park* sind es die Klone, die sich unabhängig machen und ihre Schöpfer gefährden.

---

18   Das Denken des Industriezeitalters ist durchsetzt von der Phantasie einer künstlichen Fabrikation des Menschen, bei der das Subjekt einen anderen ‚nach seinem Wunschbild‘ zu erzeugen vermag. Wie eng diese Phantasie einer Schöpfung des anderen mit Licht und Photographie mit den Techniken der Reproduktion zusammenhängt, zeigt sich an vielen Beispielen – von Philippe Auguste de Villiers de l'Isle Adams *Eva der Zukunft* (1886) bis zu Fritz Langs *Metropolis* (1927). Jürgen Manthey hat allerdings dargestellt, dass diese Phantasie eines ‚zeugenden Blicks‘ eine lange Vorgeschichte in der christlich-abendländischen Kultur hat. Jürgen Manthey, *Wenn Blicke zeugen könnten. Eine psychohistorische Studie über das Sehen in Literatur und Philosophie*, München, 1983. Man könnte also sagen, dass die Phantasie des zeugenden Blicks nicht mit der Erfindung der technischen Sehgeräte entsteht, wohl aber darin ihre Erfüllung findet.

19   Vgl. David Green, *Veins of Resemblance. Photography and Eugenics*, in: *The Oxford Art Journal* 7, no. 2, 1985, S. 5 – 16.

20   Vgl. Christina von Braun, *Das geteilte Ich. Gestalten des Selbst in der Moderne*, Film (WDR), 1996.

21   Hans Andersen, *Der Schatten*, in: ders., *Sämtliche Werke*, Bd. 1, Leipzig, 1853, s.a. Christina von Braun, *Die Schatten werden kürzer*, in: Peter Sloterdijk (Hg.), *Vor der Jahrtausendwende. Berichte zur Lage der Zukunft*, Frankfurt/M., 1990, S. 528 – 546.

Insgesamt kann man sagen, dass die Differenz zwischen dem Sehen und Gesehenwerden die Geschlechterdifferenz überlagert, ja usurpiert hat. Männlichkeit wird durch Sehen, Weiblichkeit durch Betrachtetwerden definiert. Dabei ist es freilich wichtig festzuhalten, dass sich heute diese Definitionen nicht unbedingt auf den männlichen oder weiblichen Körper beziehen und auch keineswegs nur den zwischengeschlechtlichen Verhältnissen vorbehalten bleiben. Wegen der Art, in der das mechanische Auge sein Objekt ,penetriert', wird der Betrachter, egal ob männlich oder weiblich, als männlich gedacht und das betrachtete Objekt als weiblich wahrgenommen. Diese Form der Wahrnehmung bewegt sich über die Geschlechtergrenzen hinweg und prägt auch die Selbstwahrnehmung des Einzelnen und der Einzelnen.

Bei dem vorliegenden Beitrag handelt es sich um eine geringfügig überarbeitete Fassung des Kapitels „Technische Bilder: Photographie", aus: Christina von Braun, *Versuch über den Schwindel*, S. 220–222 und S. 224–227 © Pendo Verlag GmbH, Zürich 2001

Technical Pictures: Photography

CHRISTINA VON BRAUN

Photography, as Flusser observed, "was invented in the 19th century as the first technical picture, in order to imbue texts with a magic charge."[1] What then is meant by this magic charge? It means reducing to a vanishing point the abstraction from corporeality that is inherent in writing without the pictures losing their power of definition (derived from the written form). According to a basic theory of photography (which crops up in various versions), the eye of the beholder is always "domineering." It unfolds its "activity" and "power of reality" by swallowing up the other person completely in order to annex him – a form of optical appropriation that Otto Fenichel drew attention to in his paper *Schautrieb und Identifizierung* (1935): "to gobble up the seen object, to assimilate to it (or have to imitate it), or conversely to force it to assimilate to oneself."[2] The "voracious eye"[3] acquires "integrity" or "completeness" by visually incorporating the other person – a redemption metaphor in which the Christian act of taking the Eucharist seems to have been completed by the eyes. Where Christians take in the body of Christ to achieve eternal life, secular believers obtain immortality by swallowing the other person *with their eyes.*

How does the photographic eye take possession of the other? Firstly, by bringing the other's time to a standstill; secondly, by creating the other. The act of killing is even reflected in the vocabulary of photography, where pictures are "shot." In his paper on photography and fetishes *(Foto, Fetisch)*, Christian Metz comments that "immobility and stillness" are features of death and photography.[4] Philippe Dubois, who calls photography "thanatography," says of the photographed person that he is dead "because he has been seen."[5] For Peter Wollen, photos preserve fragments of the past "like amber

1   Vilém Flusser, *Für eine Philosophie der Fotografie*, Göttingen, 1991, p. 16.

2   Otto Fenichel, *Psychoanalyse und Gesellschaft*, Frankfurt/M., 1972, p. 149.

3   Gert Mattenklott, *Das gefräßige Auge oder: Ikonophagie*, in: idem,

    Der übersinnliche Leib. Beiträge zur Metaphysik des Körpers, Reinbek bei Hamburg, 1982, pp. 78 – 102.

4   Christian Metz, *Foto, Fetisch*, in: *Kairos*, nos. 1/2, 1989, pp. 4 – 9, 5.

5   Philippe Dubois, *L'acte photographique*, Paris, 1986.

preserves flies."[6] And to Roland Barthes, being photographed is like "the event of death in miniature … I really become a ghost. … When I catch sight of myself in the object that emerges from the operation, I perceive I have become UTTERLY picture, i.e. DEATH in person."[7]

Because photography conveys an idea of dominance over time and decay to the photographer, the photographic eye also conceives itself as the *creator* of the other person or persons. The "seeing subject" that develops as fantasy after the Renaissance and in the modern age creates with the unanswerable gaze of photography represents the "image" of an almighty God who can see without being seen.[8] Yet the creating gaze takes on a different form. Whereas God made the Earth and modelled the female after the male *in his image and after his likeness*, the modern seeing subject *models* the other person via the gaze of technical seeing devices, and at the same time keeps the other person at a distance by means of the picture. "Picture" thereby acquires a different meaning: it comprises the metamorphosis of the other person into a hived-off part of the self – and this notion of the other person as a "reproduction" of the self will also find expression in the treatment of gender.

The fantasy of a creating power in the gaze finds a particular outlet in sexual fantasies, which are closely associated with technical pictures. The "magic charge" process is particularly evident in this respect. The fantasy of the gaze's power to create was not only heralded in the treatment of gender at a religious level at the start of the modern era, but also secularly. According to Thomas Kleinspehn, centuries before the invention of photography a "normative gaze upon woman" had established itself that "allowed her body to appear as the setting for male fantasies."[9] Informative in this respect is the change in the concept of the German word *Scham* ("shame" or "genitalia").

The concept of shame was always closely connected with seeing: shame suggests awareness of someone else's gaze upon the self. Thus Isocrates reports that "in the old days" young men would be greatly ashamed and embarrassed if they had to cross the agora.[10] The English moral philosopher Bernard Williams writes:

6   Peter Wollen, *Le feu et la glace*, in: *Photographies* (Paris), no. 4, 1984, pp. 17 – 21, 17.

7   Roland Barthes, *Camera Lucida: Reflections on Photography*.

8   The modern "seeing subject" is revealed in the unanswerable look: As Kobena Mercer writes of Richard Mapplethorpe's photos of black men, "His work bares the political unconscious of white ethnicity. It reveals the fundamental ambivalence of an idea in which white skin is seen as a cultural identity whose claim to hegemony is based on 'invisibility.'" [Translation from German] Kobena Mercer, *Skin Head Sex Thing. Racial Difference and the Homoerotic Imaginary*, in: *How Do I Look? Queer Film and Video*, ed. by Bad Object-Choices, Seattle, 1991, pp. 169 – 210, p. 189; cf. also: Richard Dyer, *White*, in: *Screen* 29, no. 4, autumn 1988, pp. 44 – 64.

9   Thomas Kleinspehn, *Der flüchtige Blick*, Reinbek bei Hamburg, 1989, p. 123.

96

"The basic experience of shame consists of being seen – at the wrong moment, by the wrong people, in the wrong situation. It is directly connected with nakedness, especially in sexual situations. The word *aidoia*, derived from *aidos* or "shame," is a common Greek term for the genitals, and there are similar concepts in other languages. The reaction is to cover oneself up or hide, and people instinctively endeavour to avoid such situations."[11]

German *Scham* likewise means the *feeling* of shame as well as the genitals. But the feeling of shame is not limited solely to sexual matters. It has more to do with a general physicality and the feeling of being looked at. Where the concept of shame relates to sexuality, a change has of course taken place. In antiquity and down to the beginning of the modern era, *catching sight* of female pudenda would cause a man to swoon – a notion also reflecting the concept of the "evil eye" or the fatal gaze of Medusa.[12] In the second half of the 18th century, when, thanks to technical seeing devices, gazes become increasingly one-sided and German *Erkenntnis* (recognition, knowledge) comes to virtually mean "penetration," rather like English "knowing," "shame" acquires a new meaning[13] indicating a change in the role of gazes in sexual relationships. This is particularly evident in Jean-Jacques Rousseau, who in his didactic novel *Emile* asserts that blushing is a sign of femininity and is the *only* admissible symptom of female desire.[14] In short, for Rousseau, to whom nothing appears more attractive in a woman than this very feeling of shame, the *visible blush* to a certain extent replaces the *visible genitals* of the woman. According to Rousseau, however, only the "penetrating" gazes of men generate female blushes. This is effectively an interpretation of gazes that attributes men with the capability and power to *create* female "shame" – and thus women's sensual physicality – with their eyes.[15]

Parallel to this change in "female shame," a change also takes place in the notion of male shame, which likewise shifts from the visible genitals to gazes. For men, accord-

10   Quoted from Bernard Williams, *Shame and Necessity*, Berkeley, Los Angeles, London, 1993, p. 79.

      [Translation from German]

11   Bernard Williams, op. cit., p. 78.

12   For the "evil eye," cf. Thomas Kleinspehn, op. cit., p. 42f.

13   Thomas Kleinspehn, op. cit., p. 109.

14   The betrothal of Emile and Sophie takes place as follows: "Scarcely has she kissed him than the ecstatic father claps his hands and cries *again, again,* and without waiting to be asked, Sophie immediately gives him two kisses on the other cheek; but at almost the same moment flees into her mother's arms and hides her scarlet face in the maternal bosom, alarmed at everything she has done." Jean-Jacques Rousseau, *Emilius and Sophia, or, A New System of Education* (1762 – 73) [translation from German].

15   "Pregnancy marks" were highly rated at this time. Cf. Thomas Kleinspehn, op. cit., p. 170f. They are an indication of the female body being fantasized as "transparent;" gazes can penetrate it.

ing to Rousseau, it is "shaming" to be *caught looking*, i.e. exposed to the gaze of the others. In his *Confessions*, he describes his admiration for a young woman, of whom every part "that he could take in unobserved, he devoured greedily with his eyes." He follows her secretly into her room, where he is discovered. "Stricken with shame," he falls to his knees. This feeling of shame does not, however, stop him from relishing the moment in recollection: "Perhaps," he writes, "for this very reason the picture of this amiable woman has etched itself so delightfully in my heart."[16]

The changes in the notion of "shame" – and differing attribution of the concept to male and female – reveal that in the modern era the relationship of the sexes has become increasingly eye-determined. In fact, it is a relationship in which the sexual act itself seems to have been replaced by seeing and being seen. In his story *The Sandman*, E.T.A. Hoffmann took up the fantasy of an Eros between a seeing subject and a blind object of contemplation. The hero, Nathanael, falls in love with Olimpia, a "tall, very slim young woman of most elegant proportions," whom he sees through a pocket telescope sitting in the house opposite: "She appeared not to notice me, and indeed there was something glassy, one might almost say unseeing, about her eyes; it seemed to me as if she slept with open eyes."[17] Bewitched, he succumbs to this selfsame woman, a doll, whom he can see but who can't see back. Hoffmann realises the dangers this erotic set-up conceals even for the sighted party: the danger of powerlessness where there is only an "imagined you," a mirror of the self for the viewer. Hoffman's tale appeared in 1816. In the same year, Nicéphore and Claude Niepce first succeeded in producing light images on paper using a camera and silver chloride.

The transformation of "shame" has had consequences. It has found expression in, among things, the breakneck undressing of the female body since the late 19th century. Whereas up to the Renaissance the sight of an undressed female body was considered just as dangerous as a female glance, this fear gradually disappeared, and with the emergence of photography turned into just the opposite. The naked female body, once supposed to be the embodiment of falsehood – as for example in the pictures of

16   Jean-Jacques Rousseau, *Confessions* (1783 – 91).

17   E.T.A. Hoffmann, *Der Sandmann*, in: idem: *Werke*, 4 vol., Frankfurt/M., 1967, vol. 3, p. 19.

18   Thought in the industrial age is imbued with the fantasy of the artificial creation of man in which the subject is capable of creating another in his "own ideal." How closely the fantasy of creating someone else with light and photography is connected with the techniques of reproduction is evident from many examples ranging from Philippe Auguste de Villiers de l'Isle Adam's *Tomorrow's Eve* (1886) to Fritz Lang's *Metropolis* (1927). However, Jürgen Manthey points out that this fantasy of a creating gaze has a long pre-history in western Christian culture. Cf. Jürgen Manthey, *Wenn Blicke zeugen könnten. Eine psychohistorische Studie über das Sehen in Literatur und Philosophie*, Munich, 1983. One could in fact say that the fantasy of a creating gaze did not arise with the invention of technical seeing devices, but does find fulfilment therein.

seductresses whose masks conceal death – now becomes the preferred object for depicting "truth" and "reality." In fact, this reality is conceived as the "creation" of the gaze. So much is evident, for example, in the terminology used in optical reproduction technology, which is very often identical with that of genetics: photography appears as a rehearsal of a fantasy of the technical reproducibility of man[18] – a fantasy already at work in early eugenics, when, for example, Galton made use of photography to develop the "deviant" type.[19] And it is not by chance that in *Jurassic Park* Steven Spielberg uses a sequence in which Richard Attenborough is duplicated *in film* to depict biological cloning. Overall, gender symbolism constitutes one of the interfaces of media technology and genetics: in both cases, central concepts are for example "reproduction," "simulation," and "incarnation." This power also brought to the surface fears that are reflected in the motif of the lost shadow that runs through 19th century literature.[20] In this motif, the fear expressed was that the "copy" could acquire dominance over the original. This is particularly forceful in Hans Andersen's tale of the shadow that becomes rich and fat and finally has his master executed.[21] In *Jurassic Park* it is clones that set up independently and threaten their creators.

Overall, we might say that the difference between seeing and being seen has been superimposed on – has in fact usurped – gender difference. Masculinity is defined by seeing, femininity by being seen. We should of course note that these days these definitions do not necessarily relate to male or female bodies and are also not in any way reserved just for the relationship between the sexes. Because of the way the mechanical eye "penetrates" its object, regardless of whether it is male or female, the contemplator is perceived as male and the contemplated object as female. This form of perception goes beyond sexual frontiers and also marks the self-perception of individuals of both sexes.

The present contribution is a slightly revised version of the chapter „Technische Bilder: Photographie,“ from: Christina von Braun, *Versuch über den Schwindel*, pp. 220–222 and pp. 224–227 © Pendo Verlag GmbH, Zurich 2001

19 Cf. David Green, *Veins of Resemblance. Photography and Eugenics*, in: *The Oxford Art Journal* 7, no. 2, 1985, pp. 5 – 16.

20 Cf. Christina von Braun, *Das geteilte Ich. Gestalten des Selbst in der Moderne*, film (WDR), 1996.

21 Hans Andersen, *The Shadow*, in: Harvard Classics, vol. 17, no. 3, *Tales by Hans Andersen* (P. F. Collier, 1909 – 1914, Bartleby, 2001), New York. Cf. also Christina von Braun, *Die Schatten werden kürzer*, in: Peter Sloterdijk (ed.), *Vor der Jahrtausendwende. Berichte zur Lage der Zukunft*, Frankfurt/M., 1990, pp. 528 – 546.

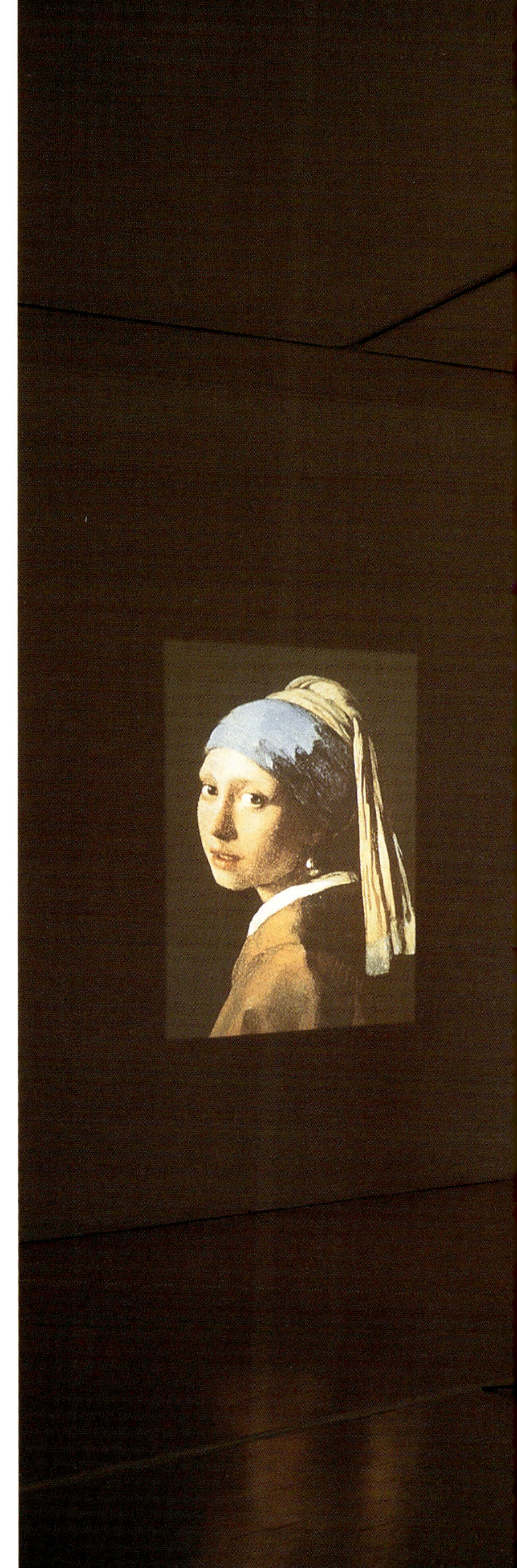

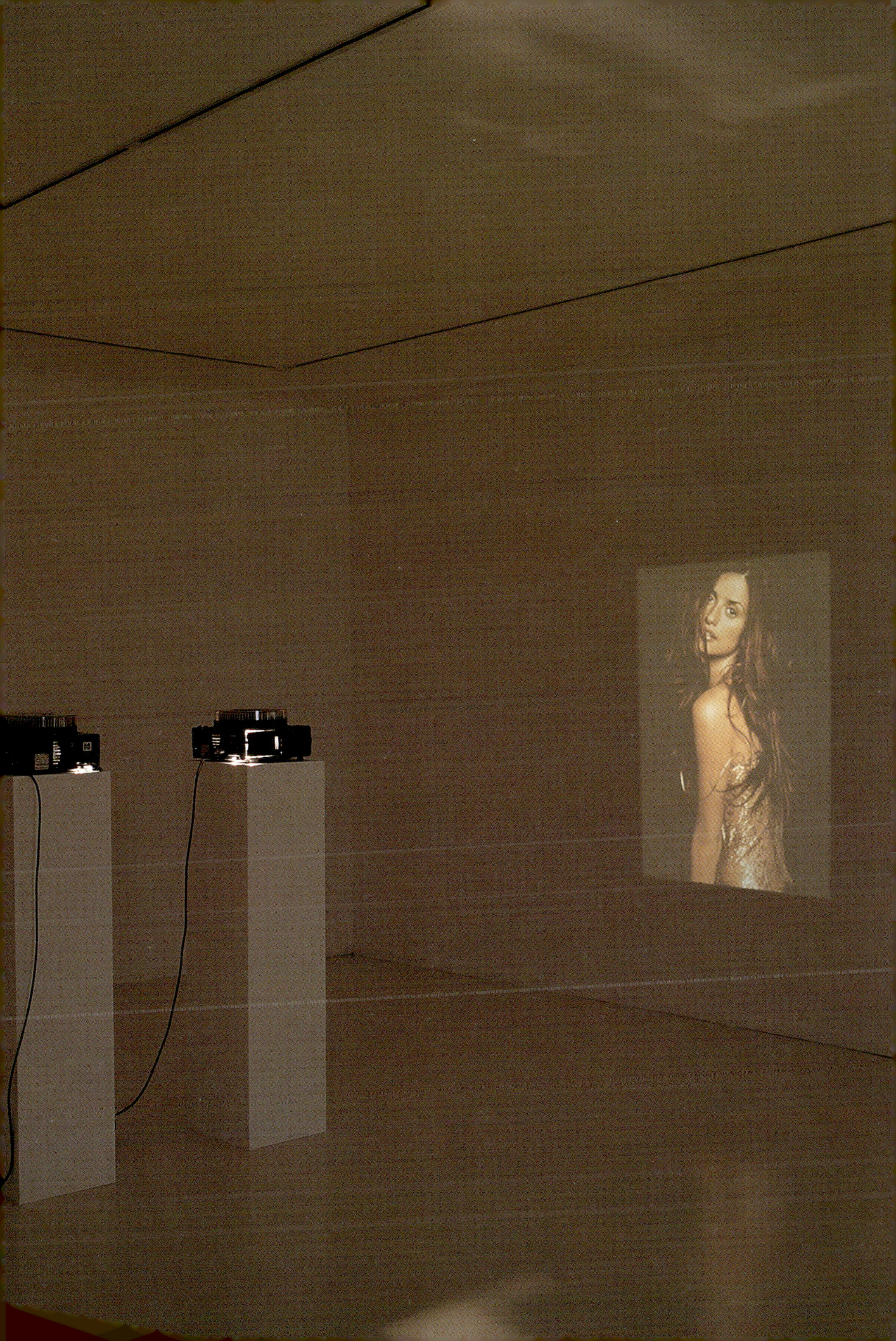

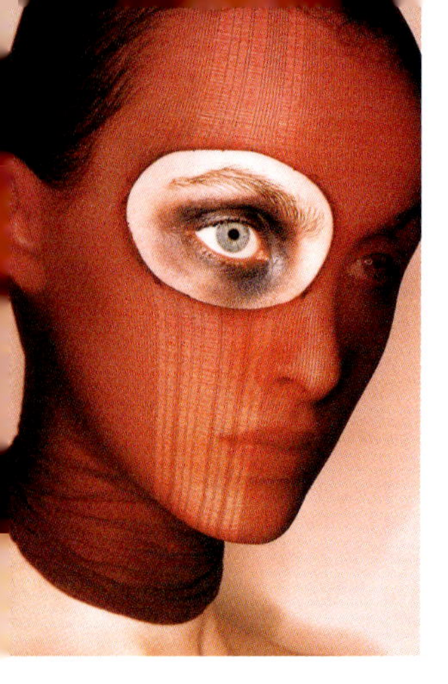
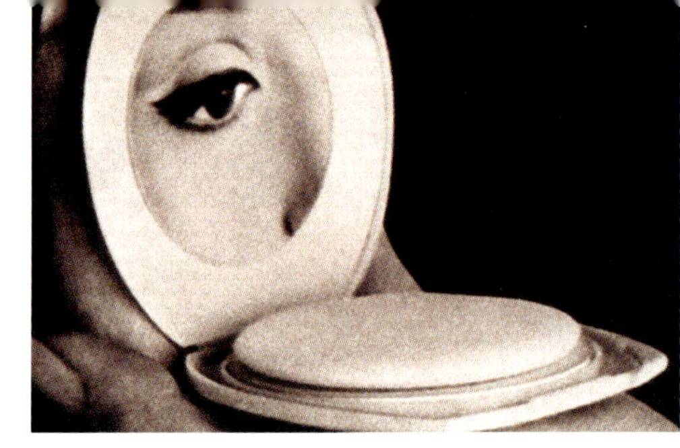
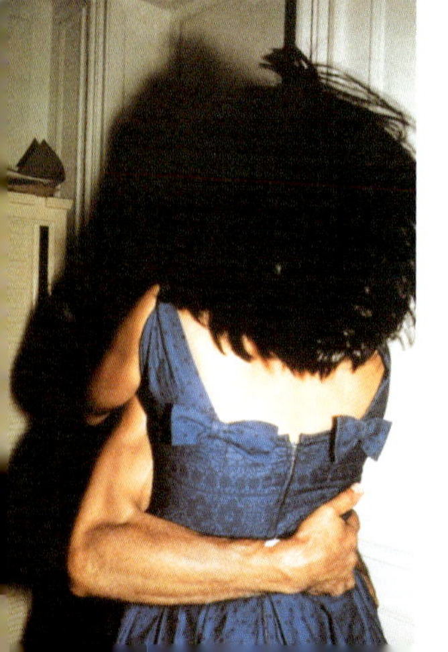
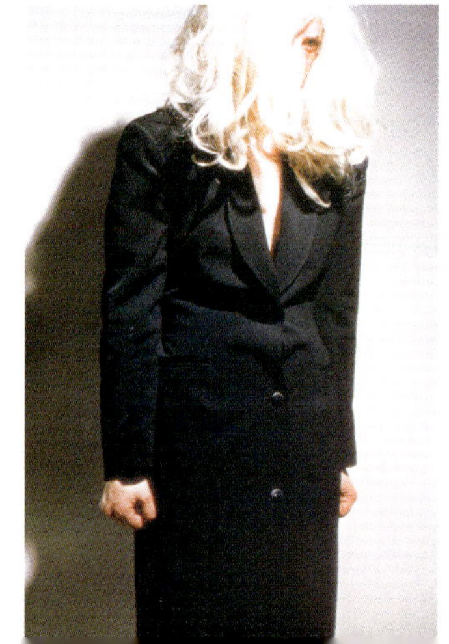

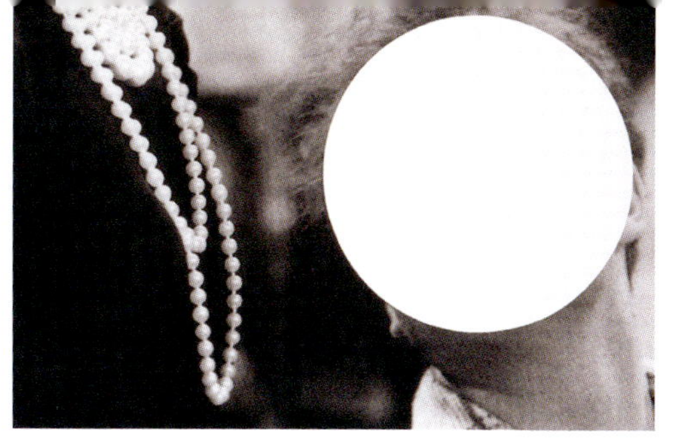
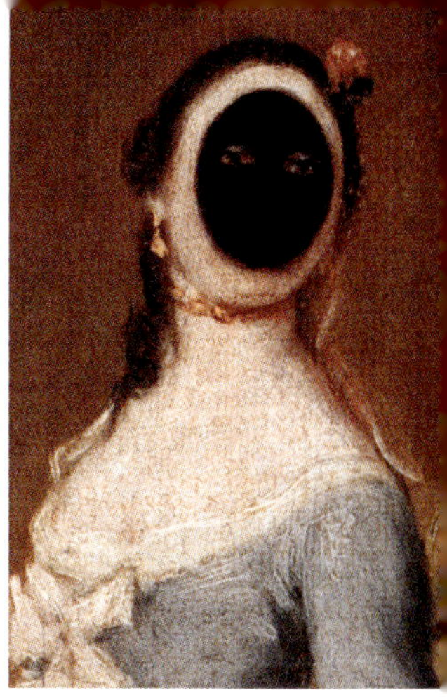
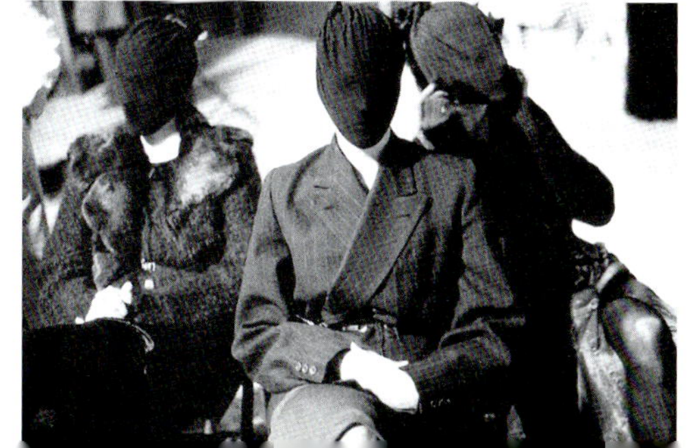
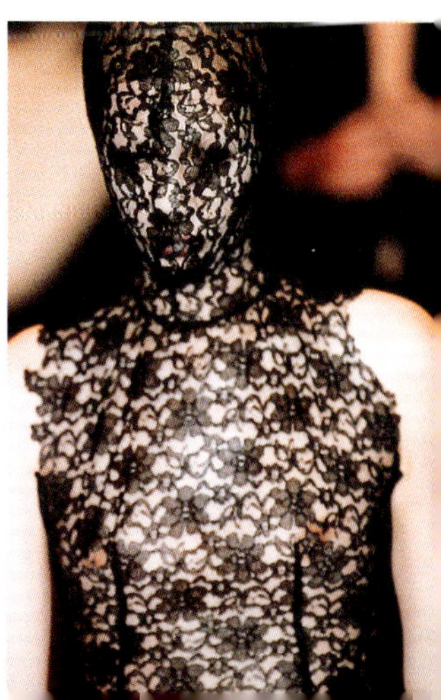

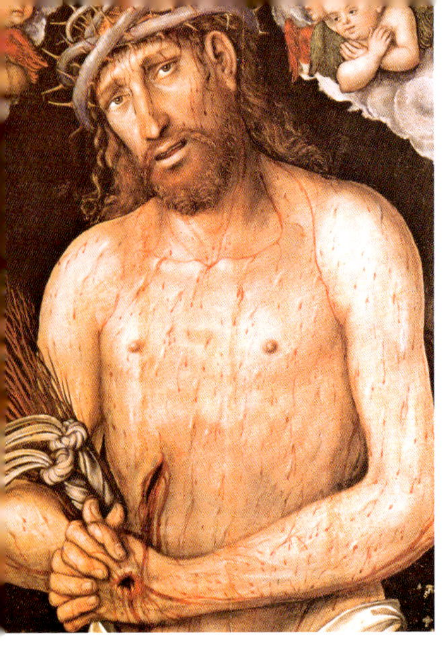

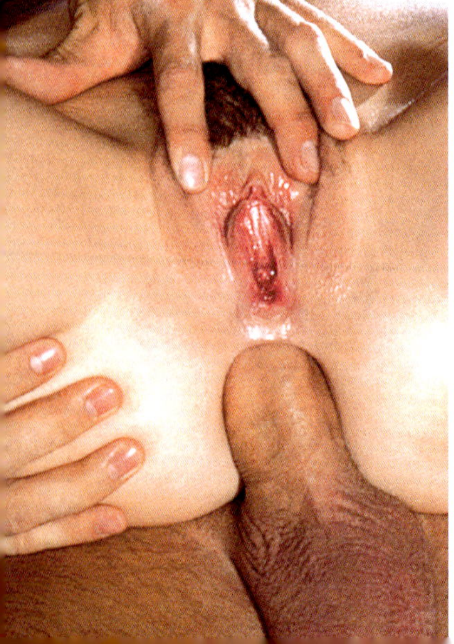

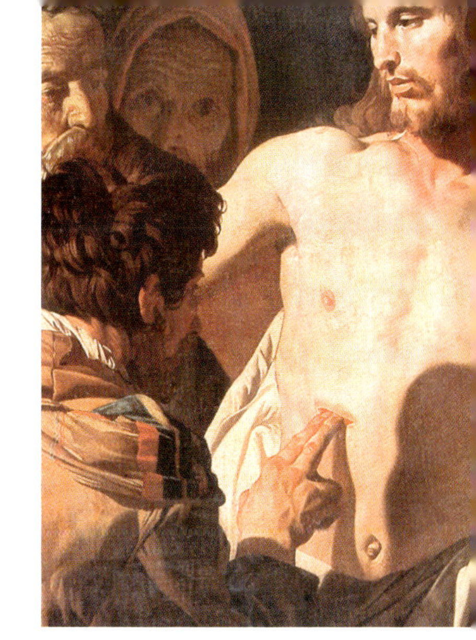

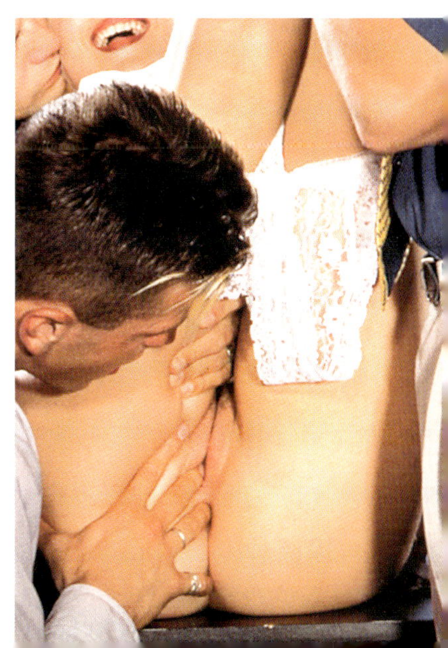

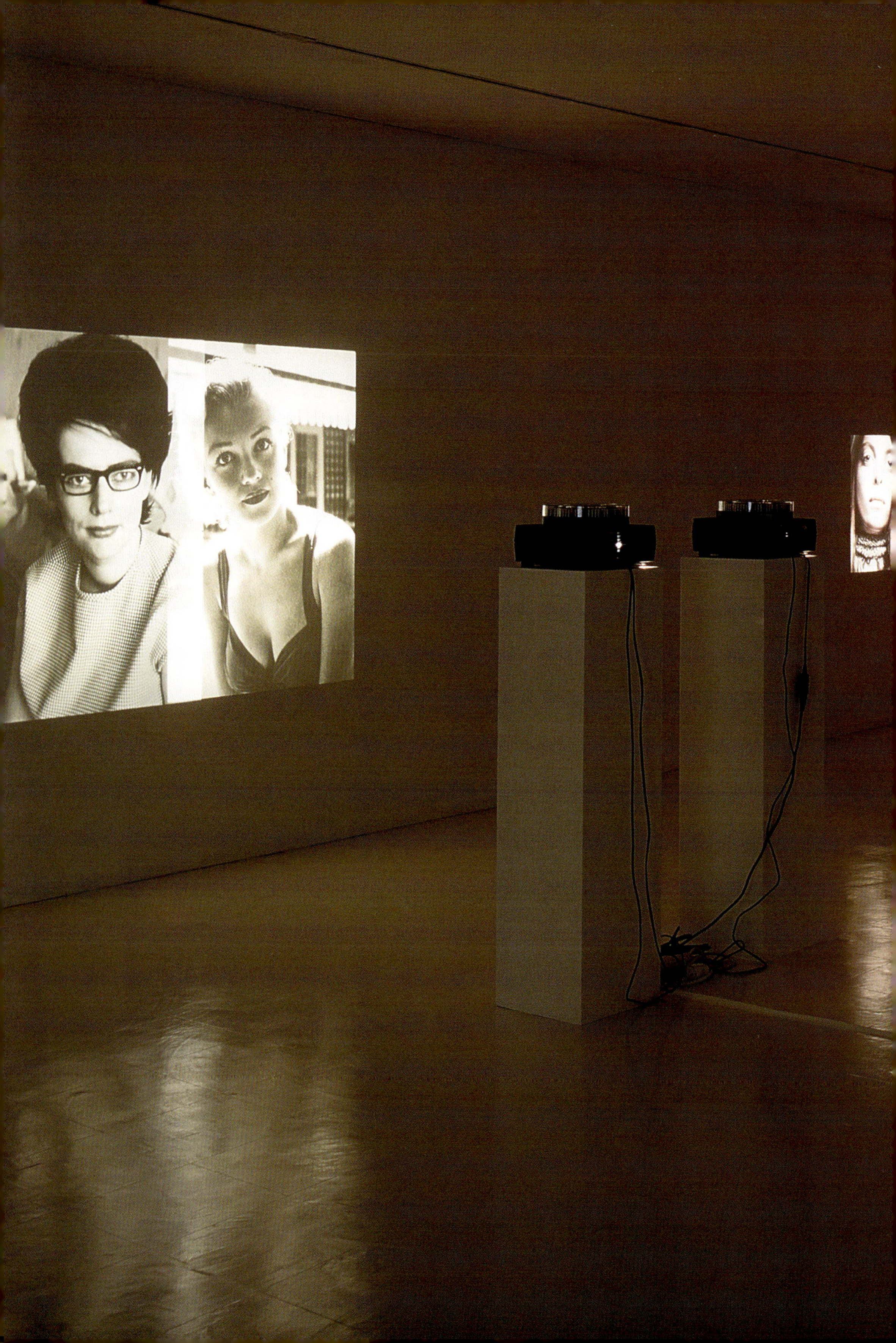

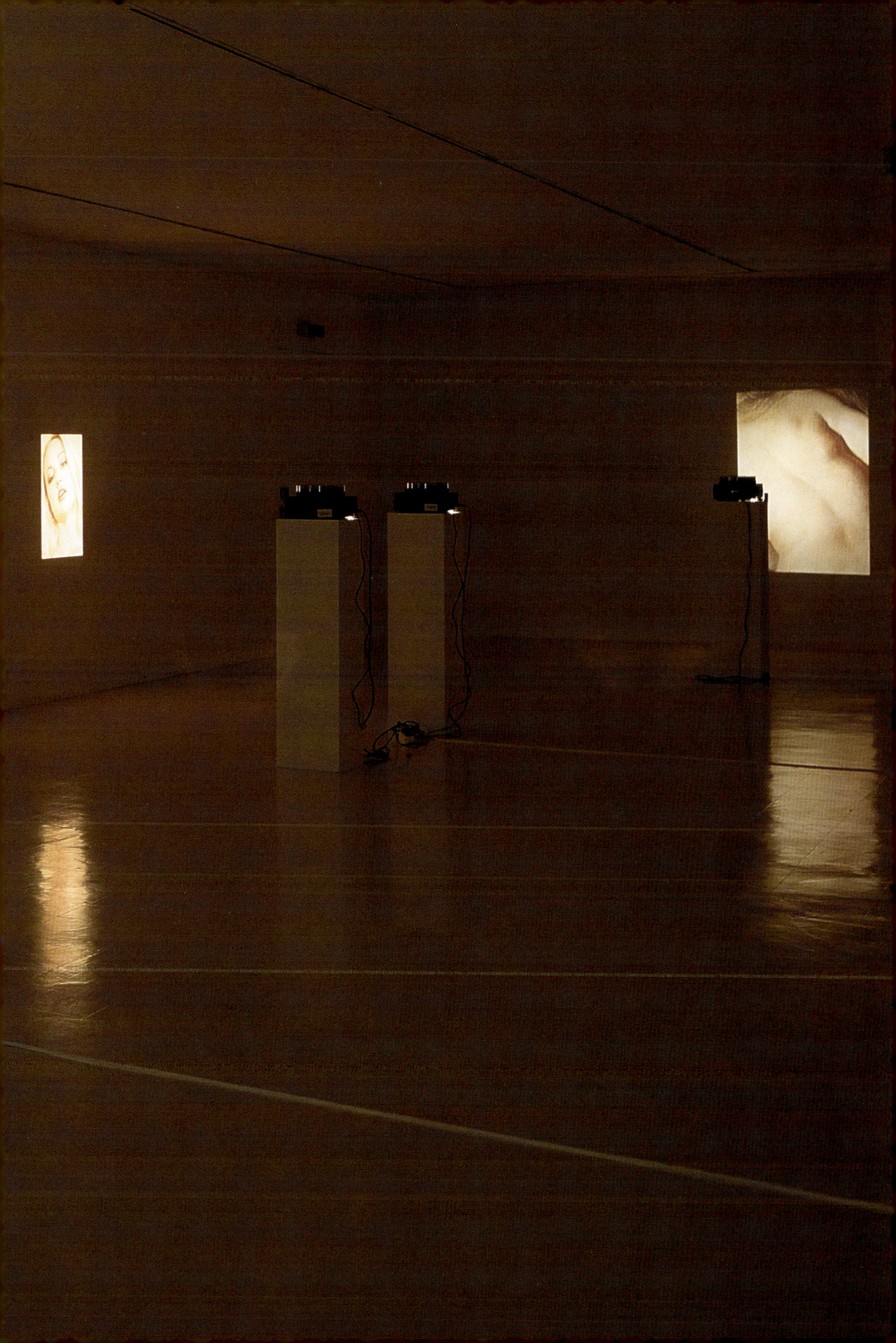

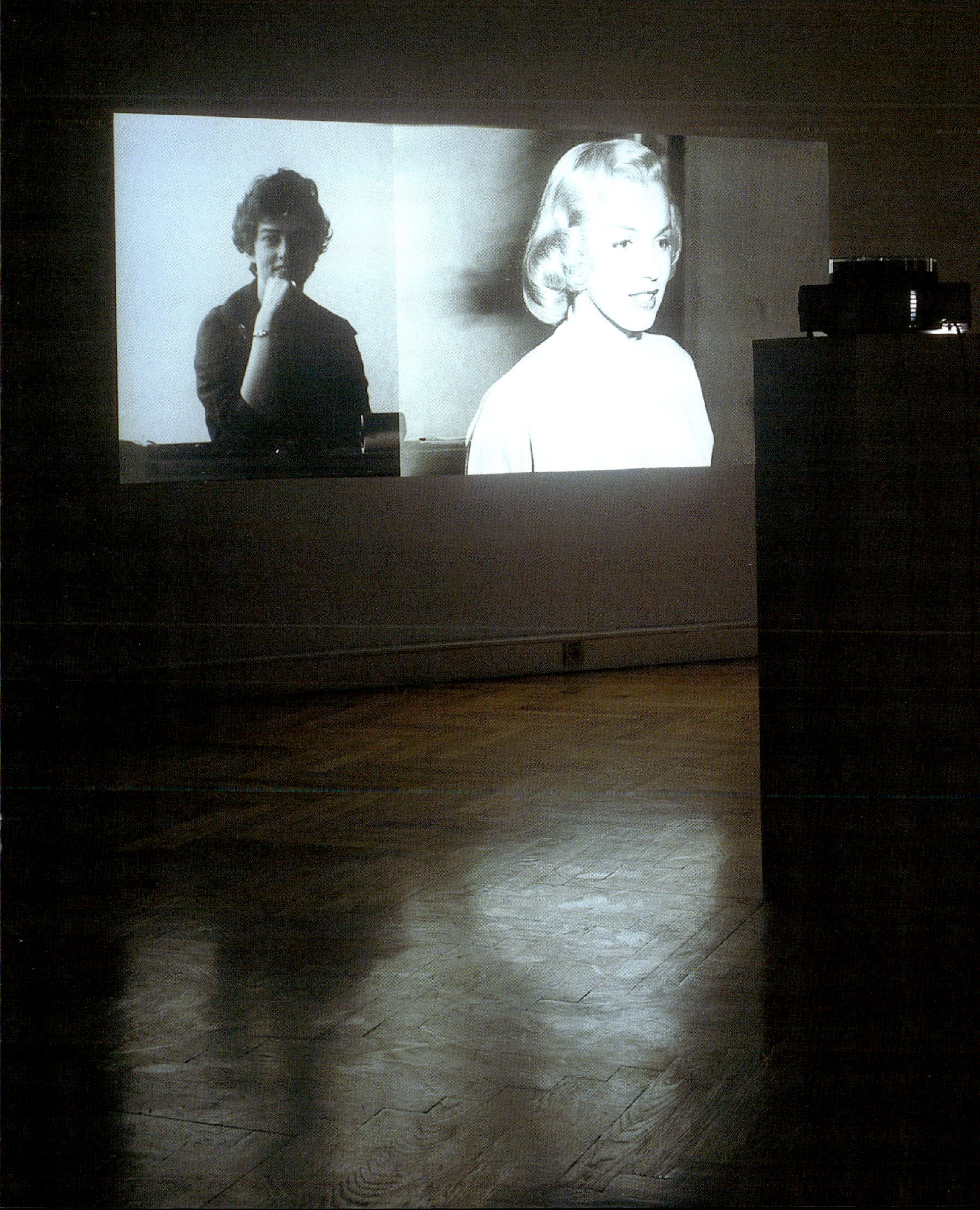

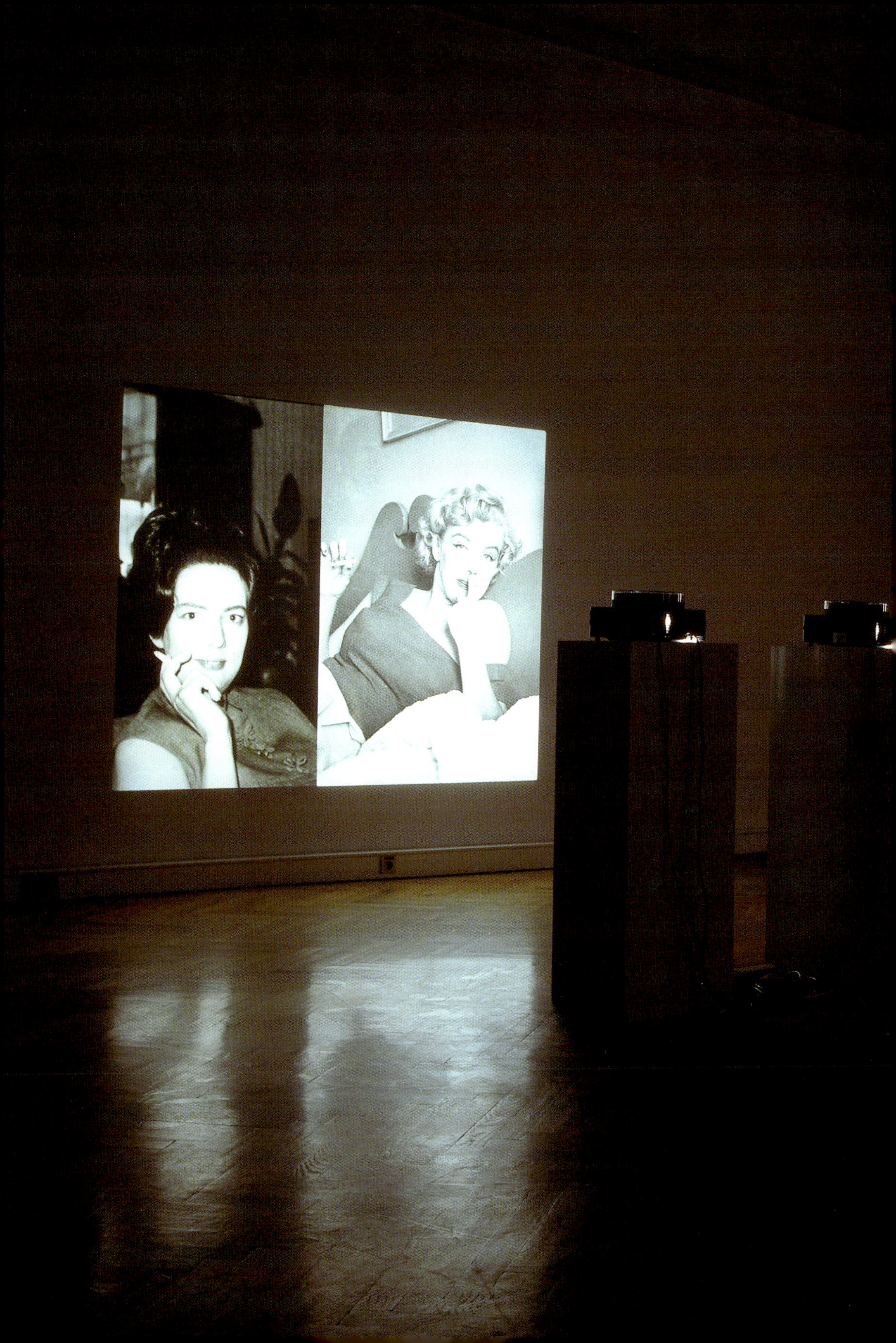

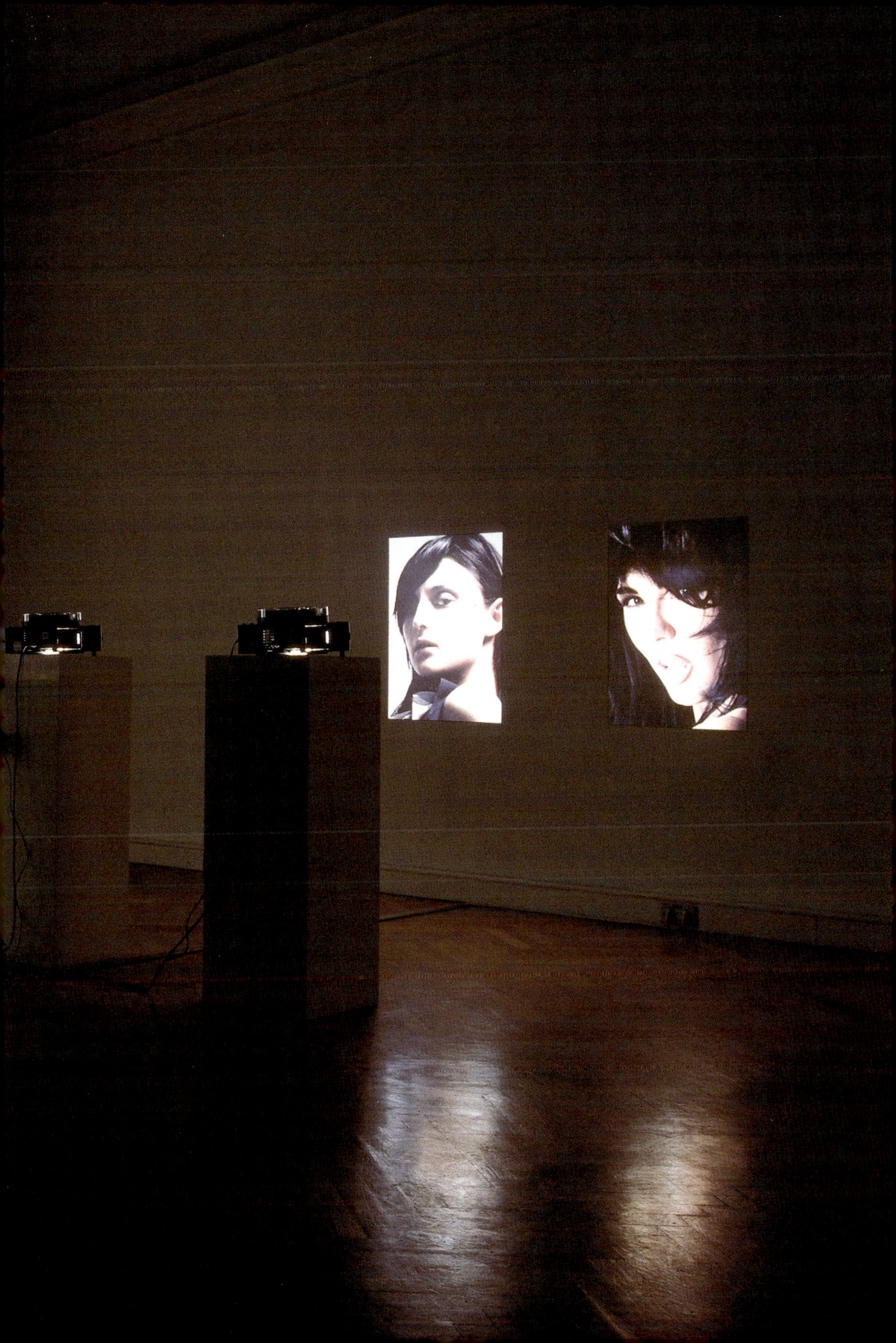

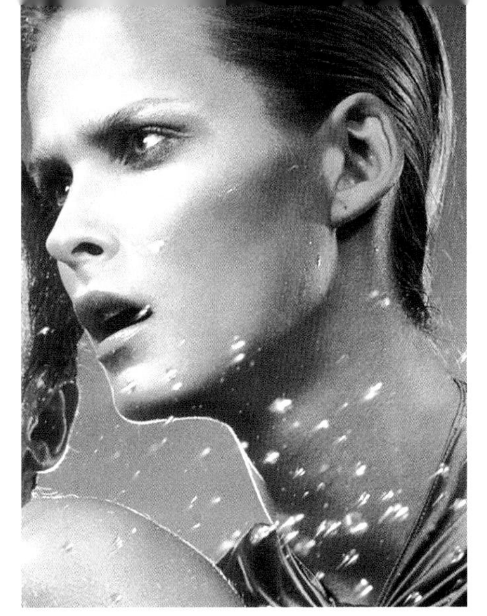

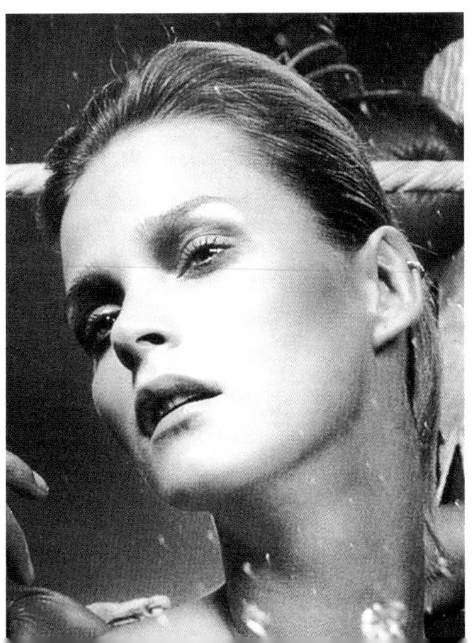

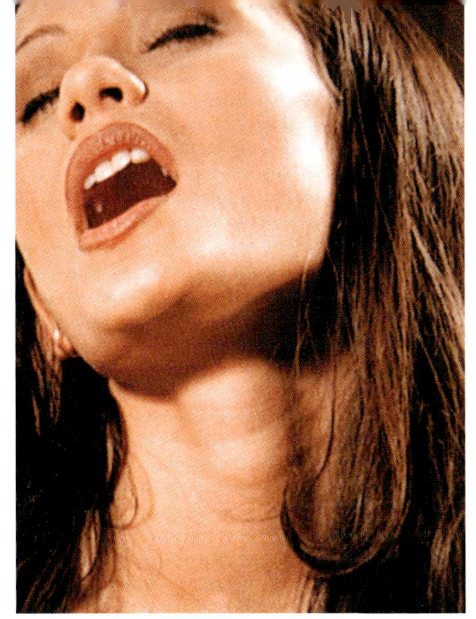

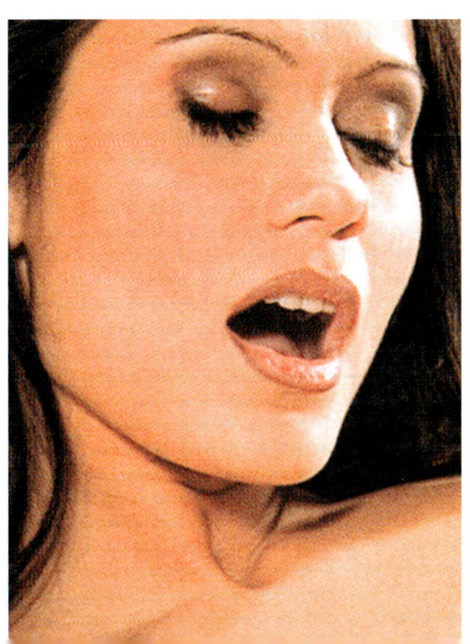

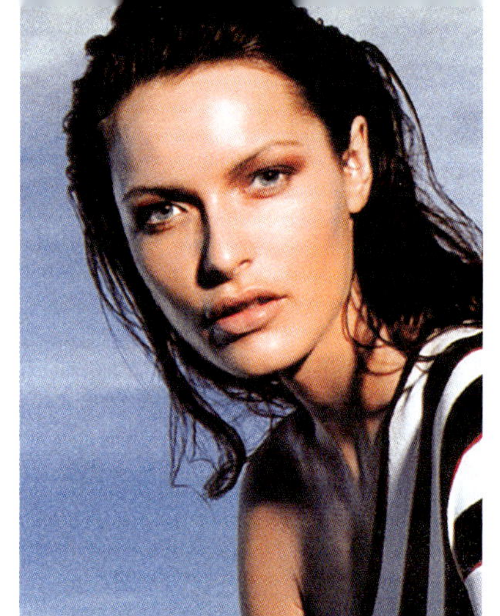

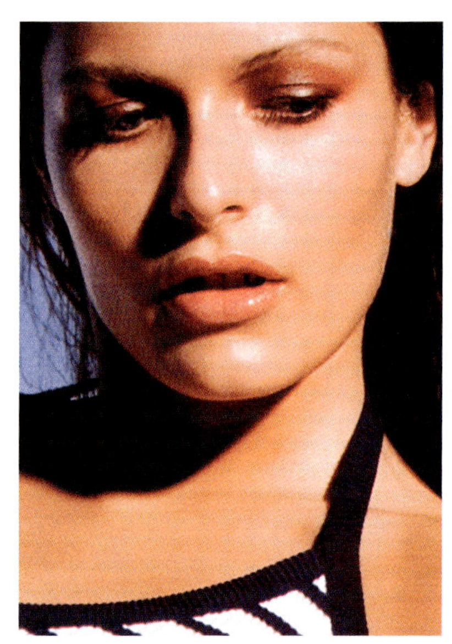

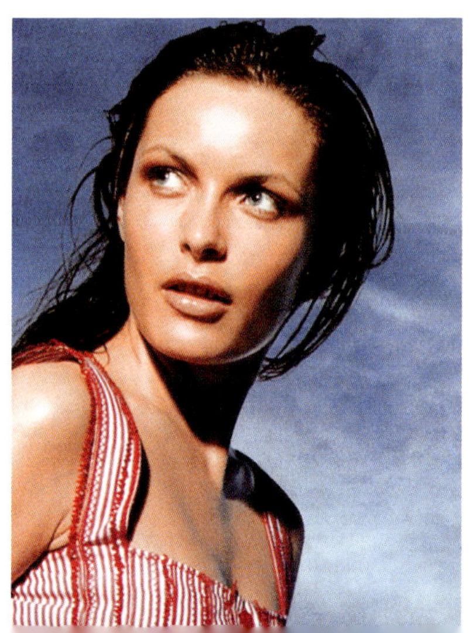

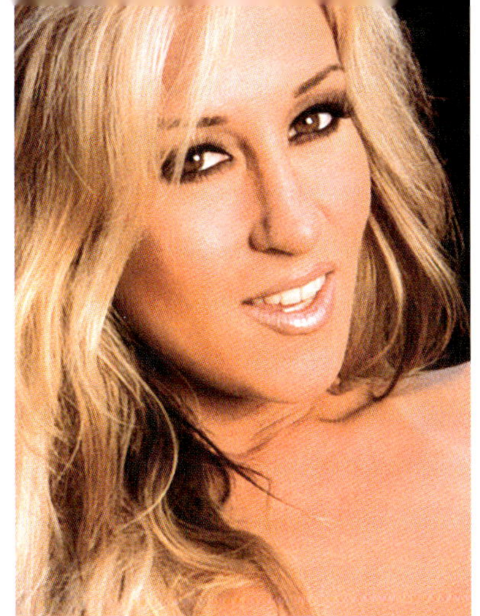

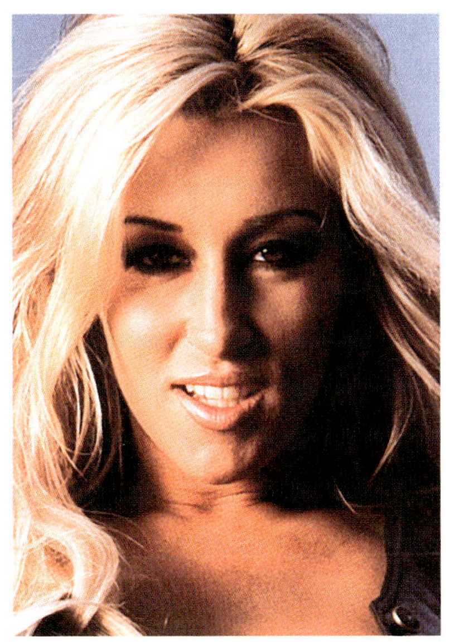

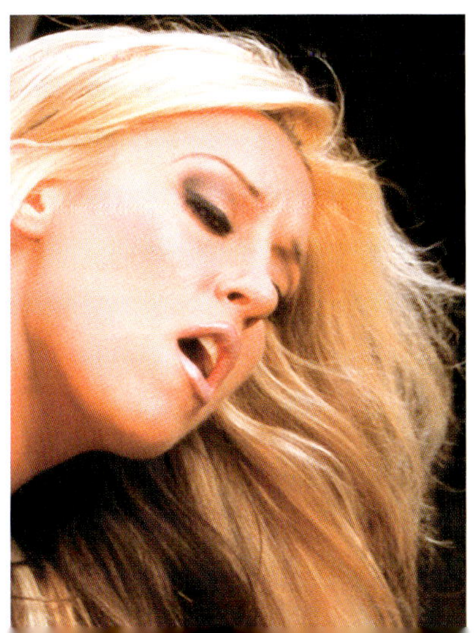

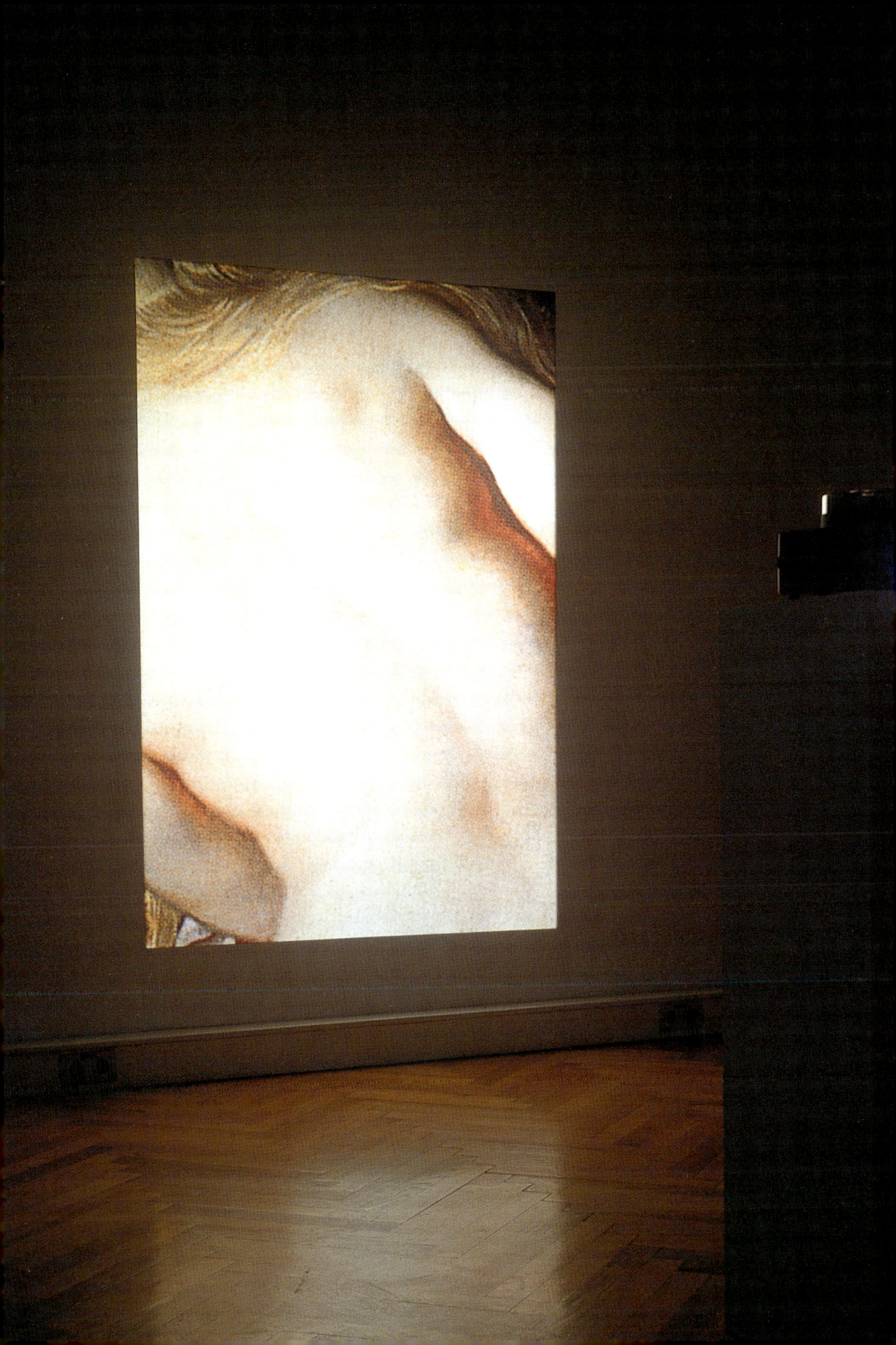

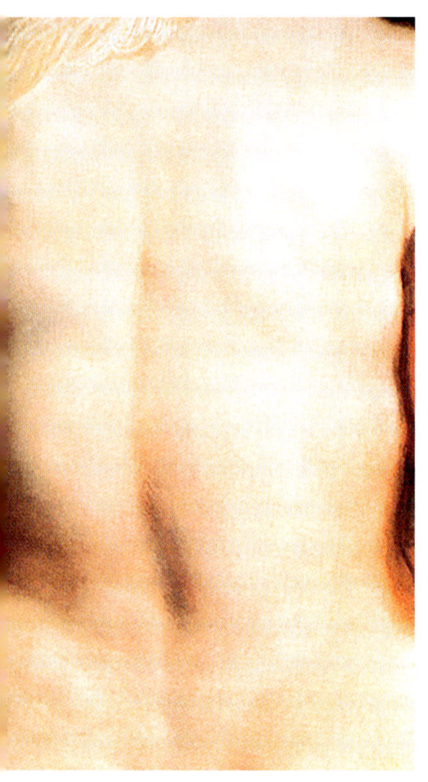
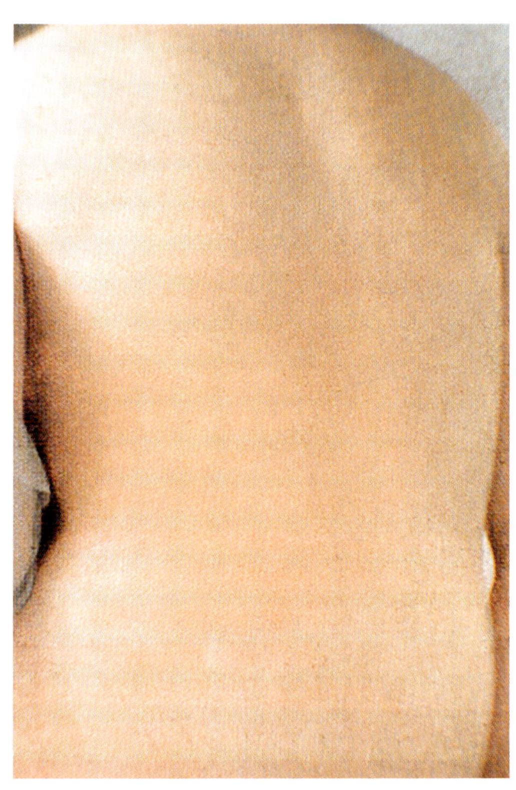

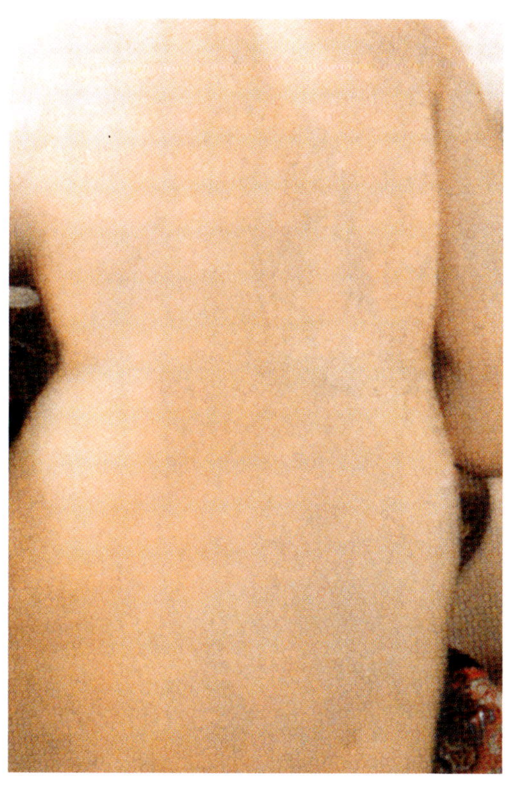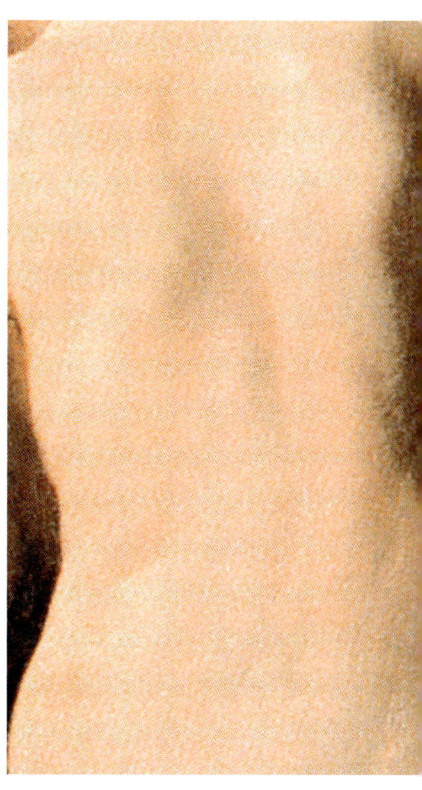

Bilder und Abbilder
FRIEDRICH TIETJEN

Was heißt hier: Photographie? Damit werden die Produkte einer Lochkamera ebenso bezeichnet wie die einer Digitalkamera, die Projektion eines Dias ebenso wie die in einem Buch abgedruckte Illustration, der technische Vorgang im Allgemeinen ebenso wie ein einzelner Abzug im Besonderen. Doch obwohl sich zwischen dem Begriff und seinen verschiedenen Gegenständen eine eindeutige, definierende Beziehung offensichtlich nicht herstellen lässt, wird Photographie als abrupter Schnitt durch eine kontinuierliche Gegenwart wahrgenommen, der das Abgebildete objektiviert, stillstellt, abtötet. Noch die technisch avanciertesten Kameraverschlüsse aber brauchen ihre Zeit; sie können zwar schneller aufnehmen als das menschliche Auge, aber sie erfassen keine infinitesimal kleinen Zeitpunkte, sondern Momente: Zeit ist so teilbar wie Atome es sind. Und mehr noch: Wie ihre Objekte ist auch die Photographie als Medium der Zeit, oder genauer: verschiedenen Zeiten, unterworfen: Die Zeit der Aufnahme überlagert die Zeiten der Betrachtung, und beide unterliegen ihrerseits so stetig wie unmerklich der Zeit der Zerfälle. Denn nicht allein das photographische Objekt altert, sondern auch seine Abbilder: das Licht, das die Aufnahmen fixiert, löscht über Dekaden seine Spuren, bis die Photographie endgültig entwickelt ist und vom Bild nichts bleibt als sein blanker Träger.

Wie ihre Objekte hat die Photographie so durchaus ihr eigenes Leben, weil sie nicht allein Abbild ist, sondern auch Gegenstand und nicht zuletzt wiederum ihr eigenes Objekt. Sie allein als mortifizierend, als stillgestellt und stillstellend zu fassen, ist eine merkwürdig verkürzte Abstraktion. Sie sieht nicht allein von der Materialität der Bilder ab, sondern geht auch stillschweigend davon aus, dass die Photographie in der kurzen Zeit der Aufnahme einen Körper, einen Gegenstand ganz zu erfassen und ihm alles Leben abzuziehen vermag, um es vervielfältigt unbegrenzt zu vermitteln. Allem Wissen um ihre Manipulierbarkeit, um ihre Flüchtigkeit zum Trotz führt diese Annahme zu der Vorstellung, dass die Photographie wahre und ewige Bilder produzieren könne, Bilder, die zeigen, was war und was ist, die sich so weit von ihrer Gegenständlichkeit lösen, dass darüber an Bedeutung zu verlieren scheint: was Photographie heißt.

Für Maria Hahnenkamp heißt Photographie zunächst: Material. Sie reklamiert nicht, Wirklichkeit zu zeigen; sie zeigt, wie die Photographie ihre Wirklichkeit zeigt und erzeugt:

als flüchtige und an konkrete materielle Träger gebunden. Sie belässt es jedoch nicht bei einer selbstgenügsamen Reflexion des Mediums, die sich an beliebigen Motiven üben könnte: Abgesehen von einigen Aufnahmen spärlich möblierter Räume wählt sie mit Darstellungen fast ausnahmslos weiblicher Körper ein Sujet, zu dessen Ästhetisierung, Fetischisierung und Typologisierung die Photographie als Medium seit ihrer Erfindung beiträgt. Einzeln gesehen und aus dem Zusammenhang der Ausstellung gerissen, könnten alle Aufnahmen damit einheitlich als Abbilder wirken. Eine solche Vereinheitlichung beginnt Maria Hahnenkamp im Kontext der Ausstellung zu stören, indem sie zwei photographische Präsentationsformen für zwei verschiedene Motivgruppen wählt: Von der Künstlerin inszenierte Studioaufnahmen (auf denen sie zuweilen selbst zu sehen, wenn auch nicht zu erkennen ist) werden als mehr oder weniger großformatige C-Prints gezeigt, während Reproduktionen aus Modezeitschriften, Pornomagazinen, Photoalben und Kunstbildbänden als Diaprojektionen erscheinen. Damit stehen einander Materialisierungen des Mediums gegenüber, deren unterschiedliche Wertigkeiten und Anwendungen einerseits aufgenommen, andererseits subvertiert werden: Die gerahmten Abzüge kommen der Vorstellung eigenständiger und musealisierbarer Kunstwerke formal nahe, der die Serialisierung der Motive allerdings widerspricht; Diaprojektionen hingegen haben als langsam von Videos verdrängtes Bildmedium abendlicher Urlaubsberichte den Ruch des Banalen – Maria Hahnenkamp verwendet sie, um die bis zur Unsichtbarkeit bekannten Abbilder von Frauenkörpern ein weiteres Mal zu reproduzieren und dadurch als Bilder sichtbar zu machen. Dieser Differenzierung entspricht die Materialität beider Medien: Hat der photographische Abzug noch ein Minimum an haptischer Präsenz, entzieht sich das Dia fast bis zur Unerkennbarkeit: Hält man das kleine gerahmte Stückchen Film in der Hand, ist kaum etwas zu erkennen und jedenfalls keine Details – die zeigen sich erst, wenn es in einen Projektor eingelegt wird. Dieses Geflecht aus medialen, materialen und motivischen Gegensätzen findet wiederum seinen Niederschlag auch in dem, was die Bilder im Einzelnen darstellen.

Bei den C-Prints sind das einerseits die zur Bildfläche parallel aufgenommenen Wände karger Räume, andererseits die Hinterköpfe und zum Teil bildfüllenden Torsi von in intensives Rot gekleideten Frauen. Weder ist der Ort zu identifizieren (Ist es das Atelier Maria Hahnenkamps? Eine halbleere Wohnung?), noch sind es die Personen (Wenn die eine die Künstlerin ist – wer ist die andere?). In beiden Fällen ist das Abgebildete so reduziert, dass der am privaten und journalistischen Gebrauch des Mediums geübte, hier aber von Kommentaren weitgehend allein gelassene Blick auf der Suche nach Wiedererkennbarem ins Leere zu starren droht und sich unwillkürlich an der Oberfläche des Bildträgers wiederfindet: Zwar suggerieren die Raumbilder photographische Tiefe, indem schmale Streifen des Fußbodens sichtbar sind; doch fast über die gesamten Bildebenen der Abzüge breiten sich die parallel dazu aufgenommenen Wände aus, auf denen das Auge vergeblich nach Anhaltspunkten sucht. Die Abbilder der Frauen wiederum erscheinen von vornherein merkwürdig flach. Erst ein genauerer Blick erklärt jedoch diesen Eindruck: Druckstellen in der Kleidung und an den Haaren weisen darauf hin, dass die Bilder durch eine Scheibe hindurch aufgenommen wurden. Hier wie dort scheinen sich an der Oberfläche des Papiers das Abgebildete und das Abbildende zu berühren; doch während der projektive Blick auf Photographie gemeinhin dazu neigt, letzteres zugunsten von ersterem zu vernachlässigen, beginnt er hier zu oszillieren, weil die selbstverständliche Gleichsetzung des Mediums mit seinem Gegenstand einfach nicht gelingt.

Steht bei diesen Arbeiten die in sich selbst geschlossene und kontextlose Photographie zur Disposition, wird diese von den Diaprojektionen vollends suspendiert. Auf leeren Wandflächen erscheinen Bilder, um nach wenigen Augenblicken den nächsten Aufnahmen zu weichen. Sichtbar wird darüber die Flüchtigkeit wie auch die Dauerhaftigkeit der Photographie: Sie hält Ephemeres ephemer fest, sie registriert Erscheinungen und Bewegungen, die in ihren spezifischen Konstellationen zwar unwiederholbar vergangen sind, aufgenommen aber vergleichbar und vor dem endgültigen Tod durch Vergessen wenigstens als Abbilder zeitweise gesichert bleiben. „Sah so die Großmutter aus? (…) Am Ende ist auf der Photographie gar nicht (sie) wiedergegeben, sondern ihre Freundin, der sie glich."[1] So jedenfalls sah Marilyn Monroe aus, ihr Name untrennbar verknüpft mit dem vor allem durch die Photographie zur Ikone gewordenen Bild einer blonden Frau. Und so sehr alle Aufnahmen verraten, dass die Präsenz der Kamera der Akteurin bewusst ist und sie deswegen posiert, so sind diese gleichzeitig Spuren heute zuweilen nicht mehr vertrauter, sicher aber lesbarer Praxen: Die Moden der 50er- und 60er-Jahre erfahren heute ihre Aktualisierung in Revivals, manche Gesten aber dürften älter und dauerhafter sein und von der Photographie nicht produziert, wohl aber vermittelt worden sein: Den Aufnahmen Monroes stellt Maria Hahnenkamp die offenbar ungefähr zeitgleich entstandenen Amateurphotographien einer dunkelhaarigen unbekannten Frau gegenüber. Doch während die Aufnahmen der Schauspielerin unzählbar häufig reproduziert zur Ikone wurden und werden, sind die Bilder von ihrem Gegenüber nur zufällig dem Sperrmüll entkommen. Paarweise zusammengestellt, betonen die Dias kontingente und unwillkürliche Übereinstimmungen, von der Zigarette in der mondän abgewinkelten Hand bis zum Muttermal über dem meist lächelnden Mund: Die beiden Frauen beginnen sich anzugleichen wie Kracauers Großmutter Ihrer Freundin, ohne dass dabei die eine als Vor-, die andere als Nachbild erscheint, was an einem Bildpaar vollends deutlich wird: Hier ist die Monroe an der Seite einer anderen dunkelhaarigen Schauspielerin, die unbekannte Frau neben einer blonden Freundin so aufgenommen worden, dass die Szenen austauschbar werden. Einander an den Rändern überschneidend, gehen die Doppelprojektionen gleichmäßig ineinander über,

---

1 Siegfried Kracauer, *Die Photographie*, in: *Das Ornament der Masse*, Frankfurt/M., 1963, S. 21f.

während Einzelprojektionen beiden Frauen den gleichen Status verleihen: als Subjekte und als Objekte der Photographie.

Hat diese Diaserie allem von der Kamera induzierten Posierens zum Trotz noch den Charme des Schnappschusses, verlieren sich die Spuren einer vermeintlichen Unschuld bei einem anderen Projektionspaar: Nebeneinander stehen Reproduktionen von Modeanzeigen und pornographischen Magazinen, und die Austauschbarkeit und Ähnlichkeit, die zwischen Marilyn Monroe und ihrem Pendant vermittelte, wird hier als methodische Grundlage von Frauenbildern sichtbar, die auf ihre Stillstellung durch Photographie hin inszeniert werden. „In der Photographie beginnt der Ausstellungswert den Kultwert auf der ganzen Linie zurückzudrängen. Dieser weicht aber nicht widerstandslos. Er bezieht eine letzte Verschanzung, und die ist das Menschenantlitz. (…) Wo aber der Mensch sich aus der Photographie zurückzieht, da tritt nun erstmals der Ausstellungswert dem Kultwert überlegen entgegen."[2] Kaum zufällig heißen die Darstellerinnen der Mode- wie der pornographischen Photographie euphemistisch *Modelle* – Vorbilder, die abgebildet Nachbilder generieren. Die Verschanzung, die Benjamin in der frühen Porträtphotographie erkannte, ist schon längst nicht mehr zugänglich, und der Kult, der zuweilen um Mode- und Pornostars getrieben wird, hat in nichts anderem seine Grundlage als in Ausstellbarkeit ihrer Körper als Projektionsflächen: Namenlose Gesichter mit einem festen ikonographischen Repertoire – volle lächelnde Lippen, gedehnte Hälse, direkte Blicke in die Kamera – ähneln sich maskenhaft an; Körper, die wie ihre eigenen Reproduktionen aussehen, tragen auf der eigenen die Kleidung als zweite Haut zu Markte; Details, die bei der ersten Diaserie Biographie und Geschichte andeuten, werden hier zu inszeniert zufälligen Accessoires.

Was kann damit noch Photographie heißen? Sicher nicht die Vorstellung von der wahren, der ewigen, der kontextlosen Photographie: Maria Hahnenkamps Arbeiten weisen nach, dass es nicht das Medium ist, das das Aufgenommene objektiviert, stillstellt, tötet – es ist der Blick, der das Bild nicht als Bild wahrnimmt, um es an die Stelle des Aufgenommenen zu rücken, ein Blick, der Bilder sucht, die widerstandslos von ihrer Materialität absehen lassen, Bilder, die nicht fremd und befremdend zurückblicken. Die Suche nach dem ‚eigentlichen' Wesen der Photographie kann diesen Blick kaum mehr als reproduzieren und damit scheitern: Sie verhält sich zum Gegenstand ihrer Kritik wie das Negativ zu seinem Abzug, wie das Dia zu seinem leuchtenden Schatten. So unaufdringlich wie nachdrücklich führt Maria Hahnenkamp statt dessen die Photographie auf ihre Oberflächlichkeit und Flüchtigkeit und damit auf ihre Materialität zurück. Zu jedem ihrer Bilder sind alternative und zusätzliche vorstellbar, und schon dadurch schwindet die der Photographie zugeschriebene mortifizierende Totalität. An deren Stelle rückt

---

2   Walter Benjamin, *Das Kunstwerk im Zeitalter seiner technischen Reproduzierbarkeit*, in: *Gesammelte Schriften*, Band I/2, Frankfurt/M., 1991, S. 445.

wenigstens die Möglichkeit, Sehen wahrzunehmen als einen Akt, der von Abbildern ausgehend sich selbst Bilder schafft – als Tätigkeit mithin, auf die sich durch die Reflexion ihrer Voraussetzungen wo nicht Zugriff gewinnen, so doch ihre Bedingtheit erkennen lassen kann.

What does photography mean here? The term refers equally to the products of a pin-hole camera and a digital camera, a slide projection, and a book illustration – in short, to a general technical process as well as an individual print. Although an unambiguously defining relationship between the term and its various manifestations is apparently impossible to formulate, photography is nonetheless perceived as an abrupt slice through a continuous present that objectifies, stops short, and kills off what is depicted. But the shutters of even the most advanced cameras need time. Though they can record faster than the human eye, they do not register infinitesimal points in time but, rather, moments. Time is divisible just as atoms are. Moreover – like its objects, photography is a time medium, or more precisely, subject to various times. The time of the imprint overlays the times of observation, and both in turn underlie the unnoticed but continuous time of decomposition. Not only the photographic objects age but also their representations: the light that is fixed by the photo loses its traces over decades, until the photograph is fully developed and nothing remains of the picture but an empty sheet.

Like its objects, photography definitely has a life of its own because it is not simply representation but also an object and ultimately its own subject. Conceiving it as mortifying, stilled, and stilling, is a remarkably truncated abstraction. It not only disregards the materiality of the pictures but also tacitly assumes that, during the brief time of photographing, photography is capable of capturing an object entirely and drawing all the life from it in order to communicate it in unlimited reproduction. Despite the knowledge that photography can be manipulated and is fleeting, this assumption leads to the idea that photography can produce true and eternal pictures, pictures that show what was and what is, and that become so dislodged from their status as objects as to apparently lose sight of the meaning of photography.

For Maria Hahnenkamp, photography means first and foremost: materiality. She does not claim to show reality; she shows how photography shows and creates its reality – as something transitory, bound to specific material vehicles. But she does not leave off with a modest reflection of the medium that could be practiced with any subject whatsoever. Apart from some shots of sparsely furnished rooms, her subject is almost exclusively the female body, which the medium of photography, since its invention, has helped to aestheticize, fetishize and typologize. Seen individually, and removed from the exhibition context, all photos could work uniformly as representations. Maria Hahnenkamp begins to disrupt any such standardization process in the exhibition context by choosing two photographic forms of presentation for two different motif groups. Studio photos set up by the artist (in which she occasionally appears herself, although unrecognizably) are displayed as more or less large-format C-prints, while reproductions from fashion periodicals, pornographic magazines, photo albums, and art books appear as slide projections. This contrasts materializations of the medium whose differing valences and applications are both accepted and subverted. Formally, framed prints come close to the notion of autonomous art works suitable for a museum, though this is contradicted by the serialization of motifs. Slide projections on the other hand – gradually ousted by videos as the medium for western holiday snaps – carry an odor of banality. Maria Hahnenkamp uses slides to re-reproduce images of female bodies that have become invisible through over-familiarity and to render them visible as pictures. This differentiation is consistent with the materiality of both media: whereas photographic prints still retain a minimum of haptic presence, slides are elusive to the point of non-recognition. When you hold the little piece of framed film in your hand, you can hardly see anything, certainly not the details; they only become visible when put into a projector. This weave of contrasting media, materials and subject motifs is taken a step further by that which the individual pictures show.

The C-prints partly show the walls of bare rooms photographed parallel to the pictorial surface and partly the backs of the heads and sometimes the torsos of women wearing intense reds which fill the entire picture. Neither the location can be identified (Hahnenkamp's studio? A half-empty flat?) nor are the people recognizable (If one is the artist, who is the other?). In both cases, the subject or representation is so reduced that the gaze, accustomed to the way cameras are used for private and journalistic purposes but here left alone without commentary, threatens to stare into a void in a desperate search for something recognizable, and finds itself involuntarily examining the surface of the pictorial vehicle. Though the interior pictures suggest photographic depth, in that narrow strips of floor are visible, walls shot in conjunction with the representations extend over the entire pictorial surface of the prints, and the eye searches in vain for a focal point, the images of the women, on the other hand, seem remarkably flat from the outset. However, a closer look explains why: places where clothing and hair have been flattened indicate that the pictures were taken through a pane of glass. Both here and there, the subject and the photographer seem to make contact on the surface of the paper. But whereas a projective look at photography generally tends to neglect the photographer in favor of the subject, here they begin to oscillate between the two, because the self-evident equation of the medium with its object simply fails.

Whereas a self-contained photography void of context is available in these works, it is totally suspended by the slide projections. Pictures appear on empty walls, only to give way to the next shot after a few moments making visible both the transitoriness and the permanence of photography. Photography records the ephemeral in an ephemeral way; it registers appearances and movements which, in their specific constellations, are non-repetitively past, but, being photographed, are comparable and remain at least as images, preserved for a time from the ultimate death of being forgotten. "Grandma looked like that? … In the end it was not at all (her) that was reproduced but her friend, who looked just like her."[1] That's how Marilyn Monroe looked at any rate; her name inseparably associated above all with her photographic image that became an icon of the blonde woman. And though all photos betray that the subject, aware of the presence of the camera is therefore posing, they are at the same time the traces of phenomena that today are sometimes no longer known but certainly readable. The fashions of the 1950s and 1960s are currently undergoing revivals, but many gestures could be older and more durable and, though not produced by photography, may nonetheless be conveyed by it. Hahnenkamp contrasts photos of Monroe with amateur shots of an unknown, dark-haired woman that were clearly taken around the same time. But whereas the photos of the actress became and become icons reproduced many times over, the pictures of her counterpart were only accidentally rescued from the dustbin. Placed thus in pairs, the slides emphasize contingent and involuntary correspondences, from the cigarette in the mundanely angled hand to the mole above the mostly smiling mouth. The two women begin to resemble each other like Kracauer's grandmother resembles her friend, without one appearing as the model, the other as the imitation, which becomes completely evident in one pair of pictures. In this, Monroe is photographed beside another dark-haired actress, the unknown woman beside a blond friend in such a way that the scenes become interchangeable. Overlapping each other at the borders, the double projections run smoothly into each other, while individual projections accord both women the same status, both as subjects and objects of photography.

Whereas this series of slides still has the charm of snapshots despite all the posing induced by the camera, the traces of an assumed innocence are lost in another pair of projections. Here, side by side are productions of fashion adverts and pornographic magazines, and the interchangeability and similarity between Marilyn Monroe and her counterpart become visible as a methodological basis for pictures of women arrested by photography in staged poses. "In photography, exhibition value begins to push back cult value all along the line. However, the latter does not yield without resistance. It is withdrawing to the last entrenchment, which is the human face … Where the human

1   Siegfried Kracauer, *Die Photographie*, in: *Das Ornament der Masse*, Frankfurt/M., 1963, p. 21f.

has been withdrawn from photography is where exhibition value first manifests superior force to cult value."[2] It is scarcely an accident that the women in both the fashion and pornographic photographs are euphemistically called "models;" models that generate photographed images. The retrenchment which Benjamin saw in early portrait photography has long been unavailable, and cults, which sometimes develop around both fashion and pornographic stars, are based on nothing more than the use of their bodies as projection surfaces – nameless faces, with a fixed iconographic repertoire of full, smiling lips, inclined heads, and direct gazes into the camera, look like versions of the same mask. Their bodies look like their own reproductions, carry clothes to the market like a second skin on top of their own. Details that in the first series of slides indicate biography and history here become chance accessories used as a setting.

What does photography mean here? Certainly it is not the idea of true, eternal photography without a context. Maria Hahnenkamp's works prove that is it not the medium that objectifies, stills, and kills the subject but the gaze, which sees the picture not as a picture to put in place of the subject, a gaze that looks for pictures that dispense unresistingly with their materiality, pictures that do not look back and are not taken aback. The search for the "actual" essence of photography can scarcely do more than reproduce this gaze, and thus fail. It relates to the object of its critique like a negative to a print, like the slide to its illuminated shadow. Instead of this, Hahnenkamp leads photography unobtrusively yet emphatically back to its superficiality and transitoriness and thereby back to its materiality. An alternative or additional picture is imaginable for every one of her pictures, and this in itself reduces the mortifying totality ascribed to photography. In its place, there is at least the possibility of perceiving seeing as an act that creates pictures from representations – in short as an activity in which their limitedness is evident, if not accessible, from a reflection of their conditions.

2   Walter Benjamin, *Das Kunstwerk im Zeitalter seiner technischen Reproduzierbarkeit*, in: *Gesammelte Schriften*, vol. 1, 2, Frankfurt/M., 1991, p. 445.

CHRISTINA VON BRAUN

1944 in Rom geboren, lebt in Berlin. Kulturtheoretikerin, Autorin und Filmemacherin. Studium in den USA und Deutschland (Promotion). 1969 bis 1981 in Paris ansässig als freischaffende Autorin und Filmemacherin. Seit 1994 Professorin für Kulturwissenschaft an der Humboldt-Universität in Berlin. Etwa fünfzig Filmdokumentationen und Fernsehspiele zu kulturgeschichtlichen Themen. Zahlreiche Bücher und Aufsätze über das Wechselverhältnis von Geistesgeschichte und Geschlechterrollen. Forschungsschwerpunkte: Gender, Medien, Religion und Moderne, Antisemitismus.

MARTIN HOCHLEITNER

In Salzburg geboren. Studium der Klassischen Archäologie und Kunstgeschichte. 1993 bis 2000 Mitarbeiter am Institut für Kulturförderung des Landes Oberösterreich. Seit 1995 Lehrbeauftragter für Kunstgeschichte an der Kunstuniversität Linz. Seit Juni 2000 Leiter der Landesgalerie am Oberösterreichischen Landesmuseum.

BERTHOLD SCHMITT

1962 geboren. Studium der Kunstgeschichte, Klassischen Archäologie und Historischen Theologie an den Universitäten Saarbrücken und Bonn. Magister Artium 1989 mit einer Arbeit zum Werk Otto Herbert Hajeks. Promotion 1995 mit einer Dissertation zum bildhauerischen Œuvre Giovanni Lorenzo Berninis. Seit 1994 berufliche Stationen in Kultusministerium, Kunsthochschule und Museum; Ausstellungsorganisation. Seit 2001 wissenschaftlicher Mitarbeiter der Stadtgalerie Saarbrücken.

FRIEDRICH TIETJEN

1966 geboren; lebt in Wien und Maastricht; Kunsthistoriker, Kritiker, Journalist; Veröffentlichungen zur Theorie und Geschichte der Photographie, des Radios und der Verpackung als Ware; derzeit Researcher an der Jan van Eyck Akademie zur Photographie als wissenschaftlichem Bildmedium im 19. Jahrhundert.

Authors

CHRISTINA VON BRAUN

Born in Rome in 1944; lives in Berlin. Cultural theorist, writer and filmmaker. Studied in the USA and Germany (where she received her Ph.D.). From 1969 to 1981, she lived in Paris working as a freelance writer and filmmaker. Since 1994, professor for cultural studies at Humboldt University, Berlin. She has made circa fifty documentary films and TV programs on cultural history subjects and written numerous books and essays about the relationship between the humanities and sex roles. Major areas of research: gender, media, religion and modernism, and anti-Semitism.

MARTIN HOCHLEITNER

Born in Salzburg. Studied classical archeology and art history. 1993 to 2000, staff member at the Institut für Kulturförderung of Upper Austria. Since 1995, lecturer for art history at the Kunstuniversität Linz. Since June 2000, head of the Landesgalerie at the Oberösterreichisches Landesmuseum.

BERTHOLD SCHMITT

Born in 1962. Studied art history, classical archeology, and historical theology at the Universities of Saarbrücken and Bonn. Magister Artium 1989 with a thesis on the work of Otto Herbert Hajek. Doctorate in 1995 with a dissertation on the sculptural œuvre of Giovanni Lorenzo Bernini. Since 1994, professional posts in the ministry of education and cultural affairs, art academy and museum; exhibition organisation. Since 2001, academic collaborator at the Stadtgalerie Saarbrücken.

FRIEDRICH TIETJEN

Born in 1966; lives in Vienna and Maastricht; art historian, critic, journalist; publications on the theory and history of photography, the radio, and packaging as a commodity; currently a researcher working on photography as a scientific pictorial medium in the nineteenth century at the Jan van Eyck Academy.

Abbildungsverzeichnis

Seite 16
„Runde Formen-Album",
1988/1989, gebunden in
weißen Satin, Kordel,
25 Seiten, S/W-Photos,
Deckblätter mit weißen
Buntstiftzeichnungen,
13 x 21 cm

Seite 18
O. T., 3-teilig, 1993,
Farbphotos abgeschmirgelt,
auf Aluminium kaschiert,
je 70 x 50 cm

Seite 20
O. T., 1995/1999,
Farbphotos zusammen-
genäht, Gummi,
Schrauben,
Acrylglasbox, 38 x 49 x 5 cm

Seite 22
„Diaprojektion 1",
2000/2002, 81 Dias

Seite 28
Farbphoto,
1996

Seite 30
„Bildnotizen", 1989

Seite 32
Abschmirgeln
eines Farbphotos

Seite 56 – 57
Landesgalerie am Ober-
österreichischen Landes-
museum, Linz, 2002

Seite 58 – 61
O. T. (aus der Serie
„Räume/Wände"), 2001,
Farbphotos auf Aluminium
kaschiert, gerahmt,
je 139 x 184 cm

Seite 62 – 63
Stadtgalerie Saarbrücken,
2001

Seite 64 – 67
O. T. (aus der Serie
„eine Frau"), 2001,
Farbphotos auf Aluminium
kaschiert, gerahmt,
je 93 x 73 cm

Seite 68 – 69
O. T. (aus der Serie „zwei
Frauen"), 2-teilig, 2001,
Farbphotos auf Aluminium
kaschiert, gerahmt,
93 x 146 cm

Seite 70 – 71
O. T. (aus der Serie „zwei
Frauen"), 2-teilig, 2001,
Farbphotos bestickt, gerahmt,
93 x 146 cm

Seite 73
Landesgalerie am Ober-
österreichischen Landes-
museum, Linz, 2002

Seite 74 – 75
O. T. (aus der Serie
„Portrait"), 2001,
Farbphotos auf Aluminium
kaschiert, gerahmt,
je 43 x 33 cm

Seite 76 – 77
Stadtgalerie Saarbrücken,
2001, 11 Arbeiten aus
der Serie „Sticken"

Pages 78 – 81
Untitl. (from the series
"embroidered"), 4-part,
1994 – 1997,
embroidered C-prints,
passepartouts with pin pricks,
framed, 41 x 53 cm each

Pages 82 – 83
"Space no. 2 a," 4-part,
1998, embroidered baryt-prints,
passepartouts with pin pricks,
framed, 41 x 53 cm each

Pages 84 – 85
"Ornament no. 20," 2-part,
2001, ornament drilled into
the wall by means of
a drill and pattern
(transferred to the wall),
109 x 132.5 cm and
109 x 160 cm

Page 87
"Ornament no. 21," 2001,
ornament drilled into the wall
by means of a drill and pattern
(transferred to the wall),
109 x 150 cm

Pages 100 – 105
"Slide projection 1,"
2000/2002, 81 slides

Pages 106 – 107
Stadtgalerie Saarbrücken, 2001

Page 109
"Slide projection 3," 2000,
double projection, overlapping,
1 round of 21 slides each

Pages 110 – 111
Landesgalerie at the
Oberösterreichisches
Landesmuseum, Linz, 2002

Pages 112 – 115
"Slide projection 4,"
2001, double projection
side by side, 81 slides each

Page 117
"Slide projection 2,"
2000/2001, 81 slides

Pages 118 – 119
"Slide projection 2,"
2000/2001, 81 slides

Biographie / Biography

1959   in Eisenstadt geboren,
lebt und arbeitet in Wien /
born in Eisenstadt,
lives and works in Vienna.

Einzelausstellungen (Auswahl) / Solo exhibitions (Selection)

2002   MAK-Galerie, Wien, A
Galerie Krobath Wimmer, Wien, A
Landesgalerie am Oberösterreichischen
Landesmuseum, Linz, A (Kat./cat.)

2001   Galerie Praz-Delavallade, Paris, F
Stadtgalerie Saarbrücken, D (Kat./cat.)

2000   Thomas K. Lang Gallery, Webster University, Wien, A
Galerie Marenzi, Leibnitz, A

1998   Galerie Praz-Delavallade, Paris, F

1997   Frac Basse-Normandie, Caen, F
Galerie Christine König & Franziska Lettner, Wien, A

1996   „Austerlitz/Autrement", Galerie Praz-Delavallade, Paris, F
Galerie Fotohof, Salzburg, A (Kat./cat.)
Galerie Stadtpark, Krems, A
Neue Galerie am Landesmuseum Joanneum – Studio, Graz, A (Kat./cat.)

1995   Nicole Klagsbrun Gallery (mit/with Nancy Davenport), New York, USA
Galerie Praz-Delavallade, Paris, F

1993   Galerie Karin Schorm, Wien, A (Kat./cat.)
Galerie Praz-Delavallade, Paris, F (Kat./cat.)

Gruppenausstellungen (Auswahl) / Group exhibitions (Selection)

2002   „Re-Considered Crossings", Hong Kong, VRC (Kat./cat.)

2001   „Heads or Tails", Galerie Praz-Delavallade, Paris, F

        „see you , see me", Covivant Gallery, Tampa, Florida, USA

        „Mieux vaut une poule demain qu'un œuf aujourd'hui", Collection Frac Picardie, Amiens, F

        „27. Österreichischer Grafikwettbewerb Innsbruck", Galerie im Taxispalais, Innsbruck, A

        „Das Experiment 5", Grafisches Kabinett der Secession, Wien, A

        „Why Do We Cover Our Interior Walls And Windows", Galerie Krobath Wimmer, Wien, A

        „Ankauf: Bgld", Burgenländische Landesgalerie, Eisenstadt, A (Kat./cat.)

2000   „Bild der Frau – Frau im Bild", Galerie Krobath Wimmer, Wien, A

        „Der Spaziergänger – Artothek und Fotosammlung", Künstlerhaus Graz, A (Kat./cat.)

        „Juste au Corps, de la Peau au Vêtement", La Criée / centre d'art contemporain, Rennes, F

        „Rupertinum Fotopreis 1999", Rupertinum, Salzburg, A (Kat./cat.)

        „Der anagrammatische Körper", ZKM, Karlsruhe, D

        „Aspekte/Positionen. 50 Jahre Kunst aus Mitteleuropa 1949 – 1999", Ludwig Museum, Budapest, H;

        Miró Foundation, Barcelona, E; Hansard Gallery/City Gallery, Southampton, GB (Kat./cat.)

        „La casa, il corpo, il cuore – Konstruktion der Identitäten", Národni Galerie, Praha, CZ (Kat./cat.)

1999   Galerie Konstakuten, Stockholm, S

        „A Girl Like You", Galerie Praz-Delavallade, Paris, F

        „Métissages", Musée-château, Annecy, F; Oliver Art Center/

        California College of Arts and Crafts, Oakland, USA (Kat./cat.)

        „Aspekte/Positionen. 50 Jahre Kunst aus Mitteleuropa 1949 – 1999",

        Museum moderner Kunst Stiftung Ludwig Wien /20er Haus, Wien, A (Kat./cat.)

        „Der anagrammatische Körper", Kunsthaus Mürz, Mürzzuschlag, A (Kat./cat.)

        „Officina Europa", Chiostri di San Domenico, Imola, I (Kat./cat.)

        „La casa, il corpo, il cuore – Konstruktion der Identitäten",

        Museum moderner Kunst Stiftung Ludwig Wien /20er Haus, Wien, A (Kat./cat.)

        „Das Ding mit dem Foto", Museum auf Abruf, Wien, A (Kat./cat.)

1999   „26. Österreichischer Grafikwettbewerb", Tiroler Landesmuseum Ferdinandeum, Innsbruck; Gmunden; Landeck; Lienz; Klagenfurt, A (Kat./cat.)

1998   „Carte Blanche/Galerie Praz-Delavallade", French Cultural Institute, Torino, I

„Otto Mauer Preis 1981 – 1998", Akademie der bildenden Künste, Wien, A (Kat./cat.)

„Malerei jenseits der Malerei", Ursula Blickle Stiftung, Kraichtal-Unteröwisheim, D (Kat./cat.)

„16. Römerquelle-Kunstwettbewerb für künstlerische Fotografie", Kunsthalle Krems; Stadthaus Klagenfurt, A (Kat./cat.)

„Métissages", Musée du Luxembourg, Paris, F (Kat./cat.)

„Fotoarbeiten", Camera Austria, Graz, A

„Diskurs Feminin: Leiblicher Logos", Haus der Kunst der Stadt Brünn, Brno, CZ

„Blick von draußen", Kunstraum Kreuzlingen, CH

„Corps à Corps", Frac des Pays de Loire, Saint Nazaire, F

1997   „Time is a man – Space is a woman", Galleria Viafarini, Milano, I

„Cherchez la Femme (3.) – Surface", Kunsthalle Szombathely, H (Kat./cat.)

„Una Visión Real. Fotografía austríaca contemporánea", Centro de la Imagen, Mexico City, Mex; Künstlerhaus, Wien, A (Kat./cat.)

1996   „Making Pictures: Women and Photography, 1975 – Now", Nicole Klagsbrun Gallery, New York, USA

„I'm your problem", Kunsthaus Mürz, Mürzzuschlag, A (Kat./cat.)

„Das doppelte Kleid – Zu Kunst und Mode", Galerie Schloß Ottenstein, A (Kat./cat.)

„mäßig & gefräßig", MAK-Museum für angewandte Kunst, Wien, A (Kat./cat.)

„Rupertinum-Fotopreis 1996", Rupertinum, Salzburg; Fotoforum West, Innsbruck, A (Kat./cat.)

1995   „The European Face", Talbot Rice Gallery, Edinburgh, GB (Kat./cat.)

„Proofs & Parables", Margaret Murray Fine Arts, New York, USA

„On peut bien sûr tout changer. L'art autrichien 1960 – 1995", Caen, F (Kat./cat.)

„Il cerchio delle fate", Arte a Pordenone and Galleria Lipanjepuntin, Trieste, I (Kat./cat.)

„Fisch & Fleisch. Photographie aus Österreich 1945 – 1995", Kunsthalle Krems, A (Kat./cat.)

1994   „Diary", Galerie Praz-Delavallade, Paris, F

„Suspension", Galerie Fotohof, Salzburg; Fotoforum West, Innsbruck, A

„Körpernah", Galerie Krinzinger, Wien; Galerie AK, Frankfurt, D

1994   „Suture – Phantasmen der Vollkommenheit", Salzburger Kunstverein, Salzburg, A (Kat./cat.)

         „Cocktail II", Hamburger Kunstverein – Foyer, Hamburg, D

         „Uncomfortable Space", Galerie Karin Schorm, Wien, A

1993   „Carnet de Voyage", Galerie Praz-Delavallade, Paris, F

         „Here & There", Austrian Cultural Institut, New York, USA (Kat./cat.)

         „Transpositionen", Österreichische Galerie, Atelier im Augarten, Wien, A (Kat./cat.)

1992   „Differenzen, Affinitäten und Brüche. Zeitschnitt '92 – Aktuelle Kunst aus Österreich",

         Museumsquartier, Wien, A (Kat./cat.)

         „Geschichten", Galerie Karin Schorm, Wien, A

1991   Fotogalerie, Wien, A (Kat./cat.)

Projekte / Projects

2000   „Ornamentfragment" (in Zusammenarbeit mit Architekt Willi Frötscher/

         in cooperation with Willi Frötscher, architect), Kulturlandschaft

         Paasdorf/Niederösterreich, A

Preise / Awards

1999   Preis der Landes-Hypothekenbank Tirol beim 26. Österreichischen Graphikwettbewerb Innsbruck

         Förderungspreis für bildende Kunst der Stadt Wien

1998   Römerquelle-Preis für künstlerische Fotografie

1995   Msgr. Otto Mauer-Preis

1994   Förderungspreis für künstlerische Fotografie, Bundesministerium

         für Wissenschaft, Verkehr und Kunst, Wien

Bibliographie / Bibliography

Kataloge und Artikel (Auswahl) / Catalogues and Articles (Selection)

2001   Hemma Schmutz, „I will always … Maria Hahnenkamp, Meike Schmidt-Gleim, Dagmar Trampisch“,
in: *Das Experiment 5*, Kat. Secession, Wien, o. S.
Friedrich Tietjen, „Maria Hahnenkamp. Stadtgalerie Saarbrücken,
14. 6. – 12. 8. 2001“, in: *Camera Austria International*, Nr. 75, S. 88.
Silvia Eiblmayr, „La femme blanche et le cube blanc. À propos de l'œuvre de Maria
Hahnenkamp“, in: *Maria Hahnenkamp*, Kat. Profil d'une collection,
Frac Basse-Normandie, Caen, S. 5 – 24.

2000   Friedrich Tietjen, „Bildmaterial“, in: *Maria Hahnenkamp*, Fotohof edition, Salzburg, o. S.

1999   Hanno Millesi, „Maria Hahnenkamp“, in: *La casa, il corpo, il cuore*, Kat. Museum moderner Kunst
Stiftung Ludwig Wien, S. 272 – 275.
Johanna Hofleitner, „Die Schnittstelle Kunst – Photographie. Historische Voraussetzungen und
Herausbildung einer zeitgenössischen Photoszene“, in: Carl Aigner und Daniela Hölzl (Hrsg.),
Kunst und ihre Diskurse. Österreichische Kunst in den 80er und 90er Jahren, Wien,
S. 147 – 160.

1998   Silvia Eiblmayr, „Die weiße Frau und die weiße Zelle. Zu den Arbeiten von Maria Hahnenkamp“,
in: *Camera Austria International*, Nr. 61, S. 3 – 14.

1997   Christian Kravagna, „Maria Hahnenkamp. Galerie Fotohof“, in: *Artforum International*, XXXV,
Nr. 5, Jänner, S. 93 – 94.

1996   Christa Steinle, „Das Geschlecht der Kunst. Kunsthistorische und psychoanalytische
Anmerkungen zur Falte als diskursives Element der Fotografie, des Raumes und des Körpers im
Werk von Maria Hahnenkamp“, in: *Maria Hahnenkamp*, Kat. Neue Galerie am Landesmuseum
Joanneum, Graz, o. S.
Maria Hahnenkamp, Künstlerstatement, in: *mäßig & gefräßig*, Kat. Museum für angewandte
Kunst, Wien, S. 132 – 133.
„Maria Hahnenkamp“, Galerie Stadtpark, Krems (Künstlerbuch).
Maria Hahnenkamp, Kat. Galerie Fotohof, Salzburg (mit Texten von Silvia Eiblmayr und Christian
Kravagna).

1996   Monika Faber, „Maria Hahnenkamp. Schatten im Weiß", in: *Eikon. Internationale Zeitschrift für Photographie & Medienkunst*, Heft 16/17, S. 22 – 28.

Margit Zuckriegl, „Innenwelt /Außenwelt. Die Idee der Oberfläche bei Eva Schlegel, Ilse Haider und Maria Hahnenkamp", in: *noëma art journal*, Nr. 42, Aug./Sept./Okt., S. 62 – 65.

1995   Johanna Hofleitner, „Maria Hahnenkamp", in: *Flash Art International*, Nr. 180, Jänner-Feber, S. 84.

Maria Hahnenkamp, Künstlerstatement, in: *On peut bien sûr tout changer, l'art autrichien 1960 – 1995,* Kat. Ouvertüre France-Autriche/éditions médianes, Rouen, S. 88 – 89.

Carl Aigner, „The Hidden and Salvaged Sex", in: *The European Face*, Kat. Talbot Rice Gallery, Edinburgh, S. 6 – 7.

1994   Suture – Phantasmen der Vollkommenheit, Kat. Salzburger Kunstverein, Salzburg, pass.

1993   Interview mit Barbara Steiner, in: *Transpositionen – 9 Beispiele jüngerer österreichischer Kunst*, Kat. Bundesministerium für Unterricht und Kunst – Artothek, Wien, S. 10 – 11.

Maria Hahnenkamp, Kat. Galerie Karin Schorm, Wien; Galerie Praz-Delavallade, Paris (mit Texten von Johanna Hofleitner, Ami Barak, Friedl Früh und Kurt Kladler).

1992   Johanna Hofleitner, „Maria Hahnenkamp", in: *Differenzen, Affinitäten und Brüche. Zeitschnitt '92 – Aktuelle Kunst aus Österreich*, Kat. Bundesministerium für Unterricht und Kunst, Wien, S. 112.

Projekte / Projects

1995   Insert in: *du, die Zeitschrift für Kultur*, Heft 1/Januar, Kunst-Werk-Wien, S. 78 – 79.

„Return", Insert in: *Der Standard*, Nr. 1866, museum in progress, S. 9.

1994   „Reise zu den Quellen" (Paris), museum in progress, S. 86 – 91.

Impressum / Imprint

© 2002 Kehrer Verlag
Heidelberg, Maria Hahnenkamp,
die Autoren und Photographen /
Authors and photographers

Dieses Buch erscheint anlässlich
der Ausstellungen / This book is
published on the occasion of
the exhibitions: Stadtgalerie
Saarbrücken in der Stiftung
Saarländischer Kulturbesitz,
Saarbrücken 14.06.–19.08.2001
Landesgalerie am Oberöster-
reichischen Landesmuseum,
Linz 24.01.–03.03.2002

*Konzeption und Gestaltung/
Concept and design:*
Maria Hahnenkamp und / and
Kehrer *com* Heidelberg

Texte / Texts:
Christina von Braun
Martin Hochleitner
Berthold Schmitt
Friedrich Tietjen

Übersetzung / Translation:
Elke Schuster

Lektorat / Editing:
Irmgard Heesche
Charlotte Eckler
Lisa Rosenblatt

*Verlagslektorat /
Publisher's editor:*
Katrin Zuschlag

*Photographische Mitarbeit /
Photography in collaboration with:*
Michael Michlmayr (58 – 61)
Wolfgang Reichmann
(28, 64 – 71, 74 – 75)

Reprophotos / Repro photos:
Tom Gundelwein
Michael Michlmayr
Wolfgang Reichmann
Norbert Artner

Gesamtherstellung / Production:
Kehrer *com* Heidelberg

*Umschlagabbildungen /
Cover illustrations:*
O.T. (aus der Serie „zwei Frauen"),
2001 / Untitl. (from the series
"two women"), 2001

Dieses Buch wurde gedruckt
mit freundlicher Unterstützung
vom / The publication of this
book was kindly supported by the
Bundeskanzleramt, Wien / Vienna

Besonderen Dank an Ruth Leder /
Special thanks to Ruth Leder

Kontakt / Contact:
Galerie Praz-Delavallade
75013 Paris, 28, rue Louise Weiss
prazdela@club-internet.fr
Galerie Krobath Wimmer
1010 Wien, Eschenbachgasse 9
krobath.wimmer@utanet.at

*Die Deutsche Bibliothek –
CIP-Einheitsaufnahme:*
Bilder und Nachbilder - Maria
Hahnenkamp / hrsg. von Martin
Hochleitner ; Bernd Schulz.
Mit Beitr. von Martin Hochleitner
… [Übers.: Elke Schuster]. -
Heidelberg : Kehrer, 2002

ISBN 3-933 257-75-1
Kehrer Verlag Heidelberg
contact@kehrerverlag.com